Schuld, Scham und das Gewissen

aus theologisch-religiösen und ethischen Perspektiven

Linus Botha

Schuld, Scham und das Gewissen

aus theologisch-religiösen und ethischen Perspektiven

Linus Botha

Linus Botha, Schuld, Scham und das Gewissen
ISNB: 9783744890724

Erste Auflage 2018
Zweite Auflage 2018
Dritte Auflage 2018
Vierte Auflage 2019
Herstellung und Verlag
BoD - Books on Demand GmbH
In de Tarpen 42
D-22848 Norderstedt, Deutschland

Inhaltsverzeichnis

1.0 Vorwort

Beim Thema Schuld und Scham wäre es ein Leichtes, wenn ich mich selbst als Kirchenkritiker positioniere und eine „Abrechnung" mit der schlechten Vergangenheit der christlichen Kirche vornehme. Die Themen Sünde, Schuld, Scham und Gewissen haben rückblickend in der Betrachtung der Geschichte von Kirche und deren historischen Werdegang zu vielerlei Kirchenkritik geführt. Dies geschah und geschieht, wenn persönliches Schuldempfinden durch kirchliches Handeln und Verkündigen missbraucht wird, um Machtpositionen über Glaubende zu festigen im Gegensatz zur biblischen Botschaft von Vergebung und Annahme. So hat die christliche Kirche in ihrer Geschichte nicht nur heilvoll gewirkt. Gerade im Blick auf Scham, Unterdrückung, "sich schuldig fühlen", haben Kirchenvertreter*innen den Bogen oft in die falsche Richtung gespannt. Sie haben nicht Befreiung von Scham und Schuld gepredigt, sondern dafür gesorgt, dass Menschen sich schuldig fühlen und schamhaft leben. Ich könnte hier Ursachenforschung betreiben, indem ich das geschichtlich-kulturelle Umfeld ansehe, die individuelle Biographie einzelner Theologen, die Theologie in jener Zeit, die Konstellationen von Macht usw. Dies wäre gewiss aufschlussreich und würde dazu beitragen, dass man ein kritisches, hinterfragendes Auge behält. Notwendig ist dies allemal, denke ich.
In diesem Buch möchte ich anhand von Bibelstellen , die in zentraler Weise das Thema Sünde, Schuld und Scham berühren und behandeln, dazu eine Betrachtung erstellen und gewissermaßen den umgekehrten Weg gehen. Es sind bekannte Stellen aus der Bibel, auch für Nicht-Bibel-Leser. Sie sind auch deshalb gekannt, weil sie zum literarischen Kulturgut unserer Gesellschaft zählen. Die Geschichte von Adam und Eva im Paradies und die Textverse aus dem „Vater Unser" und die dort

formulierte Bitte um Vergebung von Schuld. Im Anschluss an einen Deutungsversuch möchte ich im zweiten Teil das Thema Schuld mit dem Gewissen verknüpfen und in den gesellschaftlichen Kontext stellen - von anderen Seiten beleuchten.

1.1 Religionen und Sünde und Schuld

Sünde ist ein religiöser Begriff. Im christlichen Verständnis bezeichnet er den unvollkommenen Zustand des von Gott getrennten Menschen und seine falsche Lebensweise, d. h. das Übertreten von, oder Herausfallen aus der göttlichen Gesetzesordnung. Diese Trennung kam, der biblischen Erzählung (Genesis 3) zufolge, durch den Sündenfall zustande, durch das Essen „vom Baum der Erkenntnis von Gut und Böse". Die Sünde besteht nach christlichem Verständnis in einer Abkehr von Gottes Willen, im Misstrauen Gott gegenüber, im Zulassen des Bösen oder im Sich-Verführen-Lassen. Bei Paulus erscheint die Sünde als eine unheimliche Macht, die das Leben und das Zusammenleben bestimmt und die Menschen zu Sklaven ihrer Leidenschaften macht, denen sie entsprechend ausgeliefert sind (Römer 6,12–14). Der Begriff *Sünde* bezeichnet des Weiteren die einzelne verwerfliche und daher sündige Tat (Verfehlung), die mit dem bösen Gedanken beginnt (Matthäus15,19). Gedanken- und Tatsünden folgen aus der durch Unglauben verursachten Trennung, d. h. der Grundsünde. Böse Worte, verletzende oder unwahre Äußerungen also, sind nach biblischem Verständnis zu den Tatsünden zu zählen. Sünde kann auch als das Gegenteil von moralischer Verantwortung aufgefasst werden oder die Ursache für psychologisches Fehlverhalten sein. Letztlich führt das *In-der-Sünde-Bleiben* dem christlichen Glauben zufolge, zur Verurteilung im sogenannten Jüngsten Gericht Gottes, zu zweierlei Schicksal für Glaubende und Ungläubige: die Glaubenden kommen in den Himmel, die Ungläubigen in die Hölle (Daniel 12,2, Matthäus 25,46).

Ein Tatbestand gilt als verwerflich, bzw. schlecht, weil Gott ihn als Sünde kennzeichnet, z. B. durch die Zehn Gebote. Durch Sünden kommen andere Mitmenschen und der Sünder selbst direkt, oder indirekt zu Schaden. Somit ist der Sünder nicht nur durch die Übertretung selbst, sondern auch durch ihre Folgen mit einer Schuld behaftet. Im Judentum wurde in Jerusalem bis zur Zerstörung des Zweiten Tempels durch die Darbringung von Opfern die Schuld gesühnt, d. h. zugedeckt. Im Islam hingegen hat das Tieropfer seine Sühnebedeutung verloren. Im Christentum ist Jesus Christus das Opferlamm Gottes, das die Sünden der Welt hinwegnimmt (Johannes 1,29 , Johannes 1,36, Offenbarung 1,5), deshalb sind keine Tieropfer mehr nötig.

Eng verbunden mit der Vererbung der Sünde sind das Bekennen und Bereuen derselben, sowie die Buße als Abkehr von Fehlhaltungen und Fehlverhalten. Durch diese Reue und aufgrund der Heilstat Jesu Christi am Kreuz, erfahren die Menschen Vergebung. In anderen Religionen wird die Vergebung durch das Gnädigstimmen der Gottheit(en) erreicht, als Verdienst und Selbsterlösung. Im Hinduismus und anderen vedischen Religionen werden unter Sünde Handlungen verstanden, die das Karma, das Schicksal beeinflussen. Umgangssprachlich wird unter „Sünde" oft eine als falsch angesehene Handlung verstanden, ohne dass damit eine theologische Aussage impliziert wäre. In trivialisierter Form begegnet der Begriff beim Verstoß gegen Diät-vorschriften „gegen die Linie sündigen", Kleidermode-Ästhetikvorstellungen „Modesünde" oder gegen Verkehrsregeln „Parksünder".

Etymologie der Sünde

Der griechische Ausdruck ἁμαρτία *(harmatia)* des Neuen Testaments und das hebräische Wort *chata'a* oder *chat'at* aus dem Tanach bedeuten *Verfehlen eines Ziels* – konkret und im übertragenen Sinn, also *Verfehlung* – und werden in deutschen Bibelübersetzungen mit *Sünde* wiedergegeben. Das deutsche Wort *Sünde* hat eine gemeinsame Wurzel mit Worten anderer germanischer Sprachen (Englisch *sin*, Altenglisch *synn*, Altnorwegisch *synd*). Der Ursprung ist nicht genau geklärt. Möglicherweise geht das Wort auf die indogermanische Wurzel *es-* zurück, das Partizip des Verbs *sein*, soviel wie *seiend* im Sinne von „derjenige, der es war, seiend" bedeutend. Im Deutschen wurde *Sünde* erstmals als christlicher Begriff gebraucht. Eine volksetymologische Deutung führt es auf das germanische *sund* zurück, weil *Sund* eine Trennung zweier Landmassen durch eine Meerenge bezeichne, aber dem wird entgegengehalten, dass Sund im Gegenteil eine Enge, also eine Verbindung, zum Beispiel eine Meerenge, bezeichnet. Das Wort lässt sich nach einer anderen Erklärung jedoch vom altordischen Verb *sundr* herleiten. Es bedeutet „trennen" oder „aufteilen", *(ab)sondern*, heutiges skandinavisch *sondre* und schwedisch *sönder* „zerbrochen". Damit wäre ein *Sund* eine Landtrennung oder ein Bruchspalt.

Judentum

Im Judentum ist die Übertretung eines Gesetzes Gottes eine Sünde. Die Gesetze sind dabei die Gebote der Tora, andere Vorschriften im Tanach sowie, die im Talmud zusammengestellten Auslegungen. Nach der Auslegung des Tanach werden drei Formen der Sünde unterschieden:

- *Pesha* oder *Mered*: Absichtlich begangene Sünde, in bewusster Auflehnung gegen Gott.
- *Avon*: Emotional begangene Sünde, bewusst, aber nicht in Auflehnung gegen Gott.
- *Chet*: Unbeabsichtigte Sünde

Nach jüdischer Lehre ist kein Mensch perfekt, und alle Menschen sündigen. Diese Handlungen haben allerdings keine andauernde Verdammung zur Folge; nur wenige Sünden sind unvergebbar. Nach dem babylonischen Talmud wird Gottes Gnade in dreizehn Attributen zusammengefasst:

1. Gott ist gnädig, noch bevor der Mensch sündigt, obwohl er weiß, dass der Mensch zur Sünde fähig ist.
2. Gott ist dem Sünder gnädig, nachdem jener gesündigt hat.
3. Gott kann sogar gnädig sein, wo es ein Mensch nicht vermag oder verdient.
4. Gott ist mitleidsvoll und erleichtert dem Schuldigen die Strafe.
5. Gott ist sogar denen gegenüber gnädig, die es nicht verdienen.
6. Gott lässt sich nicht leicht in Zorn bringen.
7. Gottes Freundlichkeit ist vielfältig.
8. Gott ist ein Gott der Wahrheit; daher gilt sein Versprechen, dem bekennenden Sünder zu vergeben.
9. Gott ist den zukünftigen Generationen freundlich, so wie die Nachkommen Abrahams, Isaaks und Jakobs seine Freundlichkeit erfuhren.
10. Gott vergibt bewusst begangene Sünden, wenn der Sünder bereut.

11. Gott vergibt das bewusste Verärgern seiner selbst, wenn der Sünder bereut.
12. Gott vergibt aus Irrtum begangene Sünden
13. Gott vergisst die Sünden derer, die bereuen.

Nach jüdischem Verständnis begeht jeder Mensch im Laufe seines Lebens Sünden. Gott gleicht dabei die angemessene Strafe durch Gnade aus. Gebet, aufrichtige Reue und Umkehr (Jona 3,5–10), (Daniel 4,27) sowie das Geben von Almosen sind zentrale Elemente der Sühne.

Das allgemeine hebräische Wort für Sünde ist *aveira*. Juden sollen die dreizehn Prinzipien im Umgang mit den Mitmenschen anwenden. Nach der Jüdischen Bibel waren die „Stiftshütte" und später der Jerusalemer Tempel Orte, an denen die Hebräer bzw. die Israeliten Opfer bringen konnten, nachdem sie ihre Sünden vor Gott bereuten (hebr.: *kippär*). Manche Sünden erforderten zusätzlich noch das Geständnis vor Gott. Priester führten die in der Tora festgelegten Rituale (Gesang, Gebet, Opfergaben) durch. Der Feiertag Jom Kippur ist ein spezieller Tag, an dem das ganze jüdische Volk zur Vergebung seiner Sünden zusammenkommt. In den späteren Büchern der Propheten werden Rituale ohne echte Reue abgelehnt und die notwendige innere Einstellung der Bittsteller zu Reue und Umkehr erneut angemahnt.

Christentum

Der Begriff der Sünde, insbesondere seine Überwindung, hat im Christentum eine zentrale Bedeutung. Sünde bezeichnet hier den durch den Menschen verschuldeten Zustand des Getrenntseins von Gott, auch einzelne schuldhafte Verfehlungen gegen Gottes Gebote, die aus diesem Zustand resultieren. Die Lehre von der Sünde nennt man Hamartologie. In der Theologie ist die Hamartologie ein Teil der Anthropologie, die wiederum ein Teil der Schöpfungslehre ist. Die Schöpfungslehre ist wiederum ein Teil der Dogmatik. Grundsätzlich ist nach der christlichen Theologie jeder Mensch sündig. Jesus von Nazareth wurde allerdings nicht im Zustand der Sünde geboren und sündigte nicht, so die christliche Auffassung. Die christliche Sichtweise der Sünde bezieht ihre wichtigsten Aussagen aus alt- wie neutestamentlichen Texten und unterscheidet sich teilweise von der jüdischen Theologie. Danach zerstört die Sünde die vertrauensvolle Beziehung des Menschen zu Gott, die von diesem gewollt ist.

Die vielen einzelnen Sünden und sündhaften Handlungen werden als Symptome bzw. Folgen der einen Sünde gesehen, die im Leben ohne Gottesbeziehung besteht. Sünde im christlichen Sinn ist immer zugleich eine Verfehlung gegen Gott – das Sündig-werden an Mitmenschen als Gottes Geschöpfen ist implizit gegen deren Schöpfer gerichtet.

Ein Beispiel gibt das Gleichnis vom verlorenen Sohn (Likas 15,11–32), in dem der Sohn sich eigentlich nur zwischen-menschlich verfehlt, aber dann zur Erkenntnis kommt: „Vater, ich habe gesündigt, gegen den Himmel und vor dir" (Lukas 15,18). Im neutestamentlichen Verständnis ist kein Mensch von Natur aus frei von Sünde: „Wenn wir sagen, dass wir keine Sünde haben, führen wir uns selbst in die Irre, und die Wahrheit ist nicht in uns." (1 Johannes 1,8). Sünden haben die Tendenz, weitere Sünden nach sich zu ziehen. Der Mensch hat keine Chance, im Alleingang frei von Sünde zu werden. Konkrete Sünden, die im Neuen Testament erwähnt werden, sind: Entweihung des Tempels (Markus 11,15–18), Heuchelei (Matthäus 23,1–36), Habsucht (Lukas

12,15), Gotteslästerung (Matthäus 12,22–37), Ehebruch
(Matthäus 5,27–32), Prahlerei (Matthäus 6,1–18).
Sündenlisten gibt es an mehreren Stellen des Neuen
Testaments: in der Apostelgeschichte, in den Briefen von
Paulus sowie in der Offenbarung des Johannes. Eine
besondere Form der Sünde ist die Sünde wider den
Heiligen Geist, welche nach Aussage des Neuen
Testaments nicht vergeben wird.

Biblische Sicht
Sünde ist der von Menschen verursachte Grund für die
geistliche Trennung von Gott, welche von Gott nicht
gewollt ist (Jesaja 59,1). Diese Trennung von Gott wird
auch als „Wandeln in der Finsternis" bezeichnet
(Apostelgeschichte des Lukas 26,17f). Sünde bewirkt den
Tod. Damit ist nicht nur die jetzige Trennung gemeint,
sondern die ewige Trennung von Gott (Römer 6,23).
Umgekehrt bedeutet die Vergebung der Sünde ewiges
Leben. Sünde stört aber nicht nur die Beziehung mit Gott,
sondern auch zu unseren Mitmenschen (Lukas 15,21).
Hauptsächlich wendet sich Sünde jedoch gegen Gott
(Psalm 51,6).
Die Bibel setzt Sünde auch mit Gesetzlosigkeit
(1 Johannes 3,4) bzw. mit Ungerechtigkeit gleich
(1 Johannes 5,17). Daraus ergibt sich der
Zusammenhang von Sünde und Gesetzesübertretung.
Durch Gottes Gesetz wird die Sünde erkannt (Römer
3,20). Da jeder Mensch mindestens einmal in seinem
Leben gegen Gottes Gesetz verstößt, ist jeder Mensch
von sich aus ein Sünder (Römer 3,23). Die Zurechnung
von Übertretungen setzt die Kenntnis (Römer 5,13,
Römer 1,20, Römer 2,12–15) und Gültigkeit (Römer
6,14) des Gesetzes voraus. Nicht aus eigener Kraft wird
der Mensch gerettet, sondern durch Gottes Gnade
(Epheser 2,8f), so der weit verbreitete christliche Glaube.

Erkenntnis der Sünde

Die Gebote Gottes (das Gesetz) machen die Sünde und die Sünden erkennbar, nämlich als Maßstab (Römer 7,7–13). Das wird in Beichtspiegeln angewendet, etwa bei der Vorbereitung auf die Beichte durch ein Betrachten einer Liste der zehn Gebote mit möglichen Verstößen. Anstelle einer Konzentration auf mögliche Sünden wird heute eher die Gottesbegegnung in den Focus genommen. So erläutert das Bekenntnis der Baptisten: In der Begegnung mit Jesus Christus erfahren wir das Böse in uns und in gesellschaftlichen Strukturen als Sünde gegen Gott. Das selbstkritische Erkennen des eigenen Betroffenseins von Sünde fällt den meisten Menschen schwer. Leichter ist solches Erkennen in Bezug auf die Menschheit insgesamt, als Kollektiv also. Hier lässt sich Sünde erkennen an der mangelnden Offenheit, auf Gott zu hören, an dramatischen Gräueltaten und an ungerechten gesellschaftlichen Strukturen. Ohne nun bestimmte Sünden individuell zuzuordnen, dem oft die komplexe Realität entgegensteht. Der einzelne Mensch sieht sich als mitverantwortlicher Teil des sündenverstrickten Kollektivs an.

Orthodoxe Kirche

Die Orthodoxe Kirche hebt insbesondere den Effekt der Sünde auf die Beziehungen zwischen Mensch und Gott, sowie die zwischen-menschlichen Folgen hervor. Daher wird bei der Erlösung die Aussöhnung und erneuerte Beziehung betont.

Römisch-katholische Kirche

Westliche Kirchen (katholische und evangelische Kirchen) sehen eher den rechtlichen Aspekt, der dann auch bei der Erlösung eine Rolle spielt. Die römisch-katholische Kirche versteht unter Sünde nur die Handlung selbst, während die Kirchen der Reformation, die menschliche Natur selbst als sündhaft bezeichnen. In der römisch-katholischen Kirche beschäftigt sich die Moraltheologie mit der Sündenlehre. Die römisch-katholische Kirche kennt eine begrifflich ausgearbeitete Lehre bezüglich der Sünde und dem Bußsakrament.Nach römisch-katholischer Lehre hat die Erbsünde zwar die ursprüngliche Vollkommenheit des Menschen beeinträchtigt, aber nicht vollständig ausgelöscht. Durch die Taufe wird die Erbsünde bis auf einen kleinen Rest, die sogenannte Konkupiszenz. Konkupiszenz kommt aus dem Lateinischen *concupiscentia und bedeutet:* heftiges Verlangen, Begierde und bezeichnet die Neigung oder innere Tendenz des Menschen zum Bösen oder zur Sünde, der als eine Art Zunder im Menschen verbleibt, vollständig beseitigt und zieht keine weitere Schuld nach sich. Daher ist der gefallene Mensch von sich aus bestrebt, Gottes Vergebung und Erlösung zu suchen. Die Sünden lassen sich in sichtbare Handlungen – wie etwa Totschlag oder Diebstahl –, in Haltungen – wie Neid oder Habgier, die zu weiteren Sünden führen können, sogenannte Wurzelsünden – und in Unterlassungssünden (Jakobus 4,17) unterscheiden. Sünden, die jemand aus freiem Willen und in voller Erkenntnis dessen verübt, dass es sich um eine Sünde handelt, wiegen schwerer als lässliche Sünden. Die katholische Lehre unterscheidet zwischen Totsünden, d. h. schweren Sünden und lässlichen Sünden. Das vorsätzliche Auslöschen des Lebens eines Mitmenschen gilt als zum

Himmel schreiende Sünde. In der Lehre der römisch-katholischen Kirche kommt auch den Mitchristen des Sünders eine Verantwortung zu, insbesondere bei schweren Sünden: Der Katholische Erwachsenen-katechismus nennt die „Pflicht zur „brüderlichen Zurechtweisung"; diese wird in der christlichen Tradition als ein Werk der Barmherzigkeit angesehen, und nimmt Bezug auf die Heilige Schrift (Matthäus 18,15–17, 1 Timotheus 5,1, Galater 2,11-14).

Evangelische Kirchen
Die Auswirkung der Erbsünde wird in vielen reformatorischen Kirchen anders gesehen. Am prägnantesten formulierte dies der Calvinismus, aber auch lutherische Kirchen kennen ähnliche Bestimmungen. Danach ist der Mensch durch die Erbsünde in einem Zustand „totaler Verderbtheit" gefangen – also der vollständigen Abkehr von Gott, d. h. der Fixierung auf sich selbst und die Welt. Dies kann allein durch Gottes Initiative und Gnade *(sola gratia)* durchbrochen werden. Der damit geschenkte Glaube (sola fide) erhalte den Menschen im Zustand der Gnade.

Von der Sünde freigesprochen
Die Frage, wer von der Sünde freigesprochen wird, und wie dies geschieht, wird innerhalb christlicher Kirchen unterschiedlich gesehen. Es lassen sich jedoch einige Gemeinsamkeiten feststellen. Im Vordergrund steht die Gnade, die dem Menschen ohne sein Zutun geschenkt wird: die sogenannte Gerechtmachung des Sünders oder auch Rechtfertigung. Inwiefern der Mensch sich aus eigenen Kräften schon Gott zuwenden kann, ist umstritten. Im Zustand der Gnade jedenfalls erkennt der Mensch an, dass Gott in Jesus Christus als dem Heiland

die Sünde(n) vergibt. Von Bedeutung für die Befreiung von der Sünde sind die Sakramente der Taufe und des nicht einheitlich verstandenen Abendmahls: die Taufe zur Aufnahme in die Glaubensgemeinschaft („Leib Christi"), das Abendmahl als immer wieder aufs Neue zugesprochene Sündenvergebung durch Gott. Der Christ wird durch den seelsorgerlichen Akt der Sündenvergebung von den Sünden freigesprochen, und die Gnade Gottes wird ihm zugleich zugesprochen; im Laufe der Christentumsgeschichte entwickelte sich der formale Vorgang des Bekennens, der Beichte, vor einem Priester, Pfarrer, Diakon oder Seelsorger und evtl. der von diesem auferlegten Buße. Im Einzelnen gibt es heute diesbezüglich jedoch Unterschiede:

- In der römisch-katholischen Kirche gibt es das Bußsakrament, bei dem die Sünden einem Priester gebeichtet werden, durch den Jesus Christus diese vergibt. Zusätzlich kann der Priester Bußübungen auftragen.
- Nach dem Verständnis der orthodoxen Kirche werden Sünden im Beisein eines Priesters direkt Jesus Christus gebeichtet, der dabei meist durch eine Ikone repräsentiert wird. Der Priester empfiehlt dann teilweise Bußübungen, nach deren Erfüllung er den Sünder im Namen Gottes von den Sünden losspricht.
- In nahezu allen evangelischen und anglikanischen Kirchen gibt es üblicherweise bei jedem Abendmahl das gemeinsame Sündenbekenntnis mit Zuspruch der Vergebung durch den Pfarrer.

- Ein Beichtsakrament wie in der römisch-katholischen Kirche existiert in den evangelischen Kirchen nicht. Grundlegend ist die Annahme, dass der Christ sich während seines Lebens in einem Übergang vom Sündersein zum Gerechtsein befindet; deswegen ist die immer wieder aufs neue zugesprochene Sünden-vergebung notwendig. Sie wird also entweder im Rahmen des Abendmahls sowie im Sprechen des Glaubensbekenntnisses selbst zugesprochen. Dies geschieht ebenso in der Taufe. Darüber hinaus ist es Aufgabe des von der Gemeinde delegierten Pfarrers oder Diakons, in seelsorgerlichen Situationen, Vergebung zuzusprechen. Dies kann aber ebenso ein Mitchrist, der kein Geistlicher sein muss, tun. Entscheidend dafür ist die Vorstellung des Priestertums aller Gläubigen.

Sühne

Sühne ist der Vorgang, durch den der Sünder wieder mit Gott versöhnt wird. Diese ursprünglich jüdische Lehre wurde zu einer zentralen Lehre in der christlichen Theologie. Die Sünde wird durch die Sühne aufgehoben; nach christlicher Lehre geschah diese Erlösung „in, mit und unter" Kreuzigung und Auferstehung Jesu Christi. Im Laufe der Geschichte gab es unterschiedliche Ansätze, um die Bedeutung dieser im Christentum so zentralen Gegebenheit zu erfassen. Das Neue Testament geht von der Ähnlichkeit mit dem jüdischen Tieropfer (Sühneopfer) im Tanach aus, das die Sünden abträgt.

Die Fragen zur Bedeutung des Todes und den Grund des Sterben-müssens sind im Laufe der Geschichte folgendermaßen beantwortet worden:

- Origenes lehrte, dass der Tod Christi ein dem Satan gezahlter Preis sei, um seine gerechtfertigte Forderung nach den Seelen der sündigen Menschen abzugelten.
- Irenäus von Lyon lehrte, dass Christus in sich selbst alle Sünden aufnahm und somit die aus Adams Ungehorsam bedingte Erbsünde ausglich.
- Athanasius von Alexandria lehrte, dass Christus kam, um Tod und Korruption zu besiegen und um die Menschheit wieder in Gottes Bildnis zu versetzen.
- Gregor von Nazianz lehrte, dass der Tod Christi ein höchst freiwilliges Opfer des selbst göttlichen Christus an Gott sei, jedoch nicht um dessen Zorn zu befriedigen oder ihn mit der Menschheit zu versöhnen, sondern um umgekehrt die Menschen mit Gott zu versöhnen.
- Anselm von Canterbury lehrte, dass Christi Tod Gottes Gerechtigkeitssinn zufriedenstelle. Diese Lehre ist in Anselms *Cur deus homo* entwickelt.
- Peter Abaelard sah Christi Leiden (Passion) als Gottes Leiden mit seiner Schöpfung, wodurch er seine Liebe zeigte.
- Johannes Calvin lehrte, dass Christus, der einzige Mensch ohne Sünde, freiwillig die Strafe aller Menschen Sünden auf sich nahm und stellvertretend gebüßt hat.
- Karl Barth sah den Tod Christi als ein Zeichen der Liebe Gottes und seines Hasses der Sünde.

Diese Ansichten lassen sich (mit Einschränkungen) folgendermaßen gruppieren:

- *Ersatz*: Gott nahm in Christus die Strafe für die Sünden der Menschheit auf sich, damit die Glaubenden der Strafe entrinnen können.
- *Beispiel*: Der Tod Christi zeigt dem Christen, was es bedeutet, sich dem Willen Gottes zu unterwerfen; dadurch wird der Weg zum ewigen Leben aufgezeigt.
- *Offenbarung*: Christi Tod offenbart dem Christen das Wesen und die Liebe Gottes und zeigt die versprochene Auferstehung.
- *Sieg*: Der Tod Christi besiegte den Tod und gibt den Toten ewiges Leben.

Ein vollständiges Verständnis der christlichen Vorstellung von Sühne erfordert eine Kombination dieser Punkte.

Befreiung von der Sünde

Das Freiwerden von der Sünde betrifft erstens das Freigesprochenwerden, so dass die Sünde nicht mehr angerechnet wird. Zweitens kann damit gemeint sein, dass die sündhafte Handlung nicht mehr begangen wird, oder zumindest die Neigung dazu schwächer wird („Sieg über Sünde"). Das ist ein wichtiges Anliegen der Seelsorge. Manche Neigungen werden geradezu als Bindung oder Zwang erlebt: Der Mensch begeht diese Sünde, obwohl er den Wunsch hat, sie nicht mehr zu begehen. Das Lösen von Gewohnheiten ist ein Vorgang, der sich mitunter über längere Zeit hinzieht.

Erbsünde

Das christliche Konzept der Erbsünde beschreibt einen überindividuell – für den Einzelnen von Geburt an – bestehenden *Zustand* der Sünde, der irreversibel ist und nur durch die Gnade Gottes beseitigt werden kann (evangelisch), oder aber der *Neigung* zur Sünde, die vom Individuum handelnd aktualisiert und dadurch bejaht wird, solange die Gnade ihm nicht zu Hilfe kommt (katholisch).

Islamische Sichtweise

Im Islam ist der Mensch ständig der Versuchung ausgesetzt, Sünden zu begehen. Diese bestehen darin, Gottes Willen oder seine Schöpfung zu verletzen. Der Islam versteht Sünde als Ungehorsam gegen Gott, seinen Auftrag oder sein Gesetz. Sünde ist die „absichtliche Übertretung der göttlichen Norm" (Smail Balic) in Gedanken, Worten und Taten. Der Koran beschreibt die erste Sünde der ersten Menschen (Adam und Eva) als Folge der Irreleitung durch Satan (2:36–38). Der Islam lehnt aber die Vorstellung ab, dass die Sünde dieser beiden auf ihre Nachkommen vererbt wurde. Der Koran verweist auf die Barmherzigkeit Gottes und dessen Macht zu vergeben, entlastet also den Menschen von der sogenannten „Erbsünde" und ihren Folgen. Ein Mensch wird rein geboren und wird so lange rein bleiben, bis er sich aus seinem eigenen Willen gegen Gott versündigt. Erst dann spricht der Islam von einer Sünde. Sünden kann man nicht an reine Menschen vererben; reine Menschen dürfen, allein aus Gottes Gerechtigkeit, nicht für die Sünden anderer Menschen verantwortlich gemacht werden.

Unterscheidung

Unterschieden werden drei Gruppen, nämlich leichte Verfehlungen (wie sündhafte Gedanken), schwere moralische Sünden und die Todsünde „Unglaube". Unglaube selber kann auch wieder drei Formen haben:

1. Die Nichtanerkennung Gottes (arab. *kufr*),
2. Vielgötterei (arab. *schirk*),
3. Abfall vom Glauben (arab. *irtidad*).

Diese Unterscheidung gründet in der Aussage „Diejenigen, die die schweren Sünden und die schändlichen Taten meiden – abgesehen von leichten Verfehlungen – [dürfen auf Vergebung hoffen]. Wahrlich, dein Herr hat eine umfassende Vergebung." (Koran 53:32, vgl. auch 42:37; 4:31). Zum Unglauben wird gesagt: „Siehe, diejenigen, welche glauben und hernach ungläubig werden, dann wieder glauben und dann noch zunehmen an Unglauben, denen verzeiht Allah nicht und nicht leitet Er sie des Weges." (Sure 4:137 und Sure 41:27). Mohammed soll folgende Sünden benannt haben:

1. Polytheismus und Götzendienst *(schirk)*
2. Auflehnung gegen die Eltern
3. Tötung eines Menschen
4. Meineid
5. Magie
6. Vernachlässigung des Pflichtgebets
7. Das Vernachlässigen von Gemeinschaftsgebeten ohne Entschuldigung (gilt für Männer)
8. Das Vernachlässigen des Freitagsgebets (gilt für Männer)
9. Keine Zakrat zahlen
10. Am Ramadan ohne Grund nicht fasten
11. Den Haddsch nicht verrichten, obwohl man es könnte und die Voraussetzungen erfüllt sind bzw. erfüllen kann
12. Vernachlässigung der Verwandten
13. Zina (außerehelicher Geschlechtsverkehr)
14. Homosexualität und das Nachahmen des anderen Geschlechts (Transvestitismus)

15. Prostitution und Zuhälterei
16. Zinsen nehmen und geben
17. Veruntreuung des Vermögens von Waisen
18. Lügen im Namen Allahs oder Seines Gesandten
19. Hochmut und Arroganz
20. Rauschmittel (Alkoholische Getränke und Drogen)
21. Diebstahl und Raub
22. Ungerechtes Verhalten und das ungerechte Richten
23. Erpressung von Schutzgeld
24. Häufiges Lügen
25. Bestechung (nehmen und geben)
26. Eine Frau heiraten und sich wieder von ihr scheiden lassen, nur damit sie wieder ihren früheren Exmann heiraten kann.
27. Das Nicht-Reinigen der Ausscheidungsorgane nach dem Wasserlassen, bzw. nach der Notdurft
28. Riyaa: Die Zurschaustellung der guten Taten und gottes-dienstlichen Handlungen mit der Absicht, einen guten Eindruck auf die Menschen zu machen.
29. Das Verbergen von Wissen
30. Verrat
31. Vorhaltungen machen
32. Das gegenseitige Bespitzeln und Ausspionieren
33. Verbreiten von Gerede, Klatsch, Tratsch, Gerüchten und viel Sinnloses reden
34. Fluchen
35. Das Nicht-Einhalten geschlossener Verträge
36. Der Glaube an die Aussage der Astrologen (Horoskope) und Wahrsager
37. Überheblichkeit und Respektlosigkeit gegenüber dem Ehepartner (das gilt für Frauen und Männer)

38. Bildhauerei
39. Übertriebene emotionale Ausbrüche bei Todesfällen (Zerreißen der Kleider, Haare ausreißen, lautes Weinen und Klagen etc.)
40. Unterdrückung der Schwachen
41. Das Belästigen des Nachbarn
42. Das Schädigen und Beschimpfen der Menschen, insbesondere der Muslime
43. Tragen von Seide und Gold für Männer
44. Das Schächten von Vieh unter Anrufung eines anderen Namens anstelle des Namens von Allah
45. Das Vortäuschen falscher Abstammung
46. Das Vorenthalten von Trinkwasser
47. Das Betrügen beim Messen und Wiegen
48. Das Schädigen von Erben durch das Testament
49. Betrug und Habgier
50. Das Zürnen im Unrecht
51. Neid
52. Heuchelei
53. Das Verachten von Armen und Schwachen und das Achten der Reichen wegen ihres Vermögens
54. Das Horten von Vermögen und Geiz
55. Die Veruntreuung von Geldern und Ähnliches

Bewertungsansatz von Al-Ghazzali

Al-Ghazzali (1059–1111) bewertete die Schwere der Sünden nach dem Schema: a) Betrifft es Gott? b) Betrifft es Menschen? c) Betrifft es lebensnotwendige Mittel? Sünden gegen Gott und die Offenbarung galten ihm als die schwerwiegendsten, da sie den Eintritt ins Paradies verwehrten. Darauf folgten Delikte gegenüber Mitmenschen wie Mord, Totschlag, Verstümmelung, Gewaltanwendung, Homosexualität oder Ehebruch. Die dritte Sparte enthielt Eigentumsdelikte, „Aneignung des

Gutes der Waisen durch den bestellten Vormund",
„Beraubung des Mitmenschen mit Hilfe einer falschen
Zeugenaussage" und die „Aneignung fremden Eigentums
durch einen Verhehlungseid". Der Unglaube *(kufr)* ist die
größte Sünde und verwirkt das Heil des Betroffenen, er
gelangt nicht ins Paradies.

Erbsünde

Der Islam kennt keine Erbsünde. Zwar erinnert der Koran
(7:19–25; 2:35–39; 20:117–124) an Sündenfall und
Vertreibung aus dem Paradies (Mose / Genesis 3,1–24),
doch übernimmt er nicht die paulinische Lehre von der
Erbsünde (Römer 5). Somit kennt der Islam
konsequenterweise keine Erlösungstheologie. Sünden
werden vom Menschen selbst auf Erden angesammelt.
Aus dieser Selbstverschuldung erwächst auch die
Selbstverantwortung für das jeweilige Tun und Lassen
des einzelnen Menschen.

Sündenvergebung

Der Koran preist an vielen Stellen die Barmherzigkeit und
Vergebungsbereitschaft Gottes (z. B.: Sure
2:173.182.192.199.218). Gott vergibt dabei, „wem er will"
(z. B.: Sure 2:285; 3:129). Als unverzeihlich gilt jedoch
der Unglaube in seinen vielfältigen Formen. Dazu
gehören Polytheismus und Götzendienst (4:48.116), die
Apostasie (4:137; vgl. 16:106f; 2:217; 3,86–91), den
Glauben nur vorzuheucheln (63:3) und ein Leben in
Unglauben bis zum Tode (47:34; 4:18). Menschen,
welche diese Sünden begangen haben, wird Gott nicht
verzeihen (vgl. 9:80; 63:6), selbst wenn Mohammed für
sie eine Fürbitte *(shafa'a)* einlegte. Alle anderen Sünden
können prinzipiell Vergebung erlangen, soweit
wahrhaftiger Glauben (vgl. 20:73; 26:51; 46:31) und die

Ausrichtung am Leben Mohammeds gegeben sind: „Sprich: ‚Wenn ihr Gott liebt, dann folgt mir, so wird Gott euch lieben und euch eure Sünden vergeben. Und Gott ist voller Vergebung und barmherzig.'" (3,31) Unter dieser Prämisse ist die Vergebung auch schwerer Sünden mittelsReue und Buße möglich (42:25; 4:17). Deshalb fordert der Koran Reue und Buße (z. B.: 24:31; 66:8; 5:74), um Gott zu versöhnen (z. B.: 5:39; 25:71). Wer Vergebung erfleht, dem wird vergeben (3:135–136). Kleinere Vergehen kann der Muslime derweil schon durch die gewissenhafte Erfüllung der religiösen Pflichten tilgen.

Zitate

„Ich Jesus Christus sage euch, so wird auch Freude sein im Himmel über einen Sünder, der Buße tut, mehr als über neunundneunzig Gerechte, die keine Buße brauchen!"

Lukas 15,7; „Denn das ist gewisslich wahr, dass kein Mensch jemals seine rechten Hauptsünden sieht, als da ist Unglaube, Verachtung Gottes, dass er nicht Gott fürchtet, ihm vertraut und ihn liebt, wie es wohl sein sollte, und dergleichen Sünde des Herzens, da die rechten Knoten drinnen sind."

Martin Luther: Das schöne Confitemini an der Zahl der 118. Psalm (1530) „Ich brauche keine Bequemlichkeit. Ich will Gott, ich will Poesie, ich will wirkliche Gefahren und Freiheit und Tugend. Ich will Sünde!"

Jugendsünde

Als „Jugendsünde" oder auch „Jugendtorheit"
bezeichnet man im deutschen Sprachraum
allgemein eine unüberlegte Handlung oder
Torheit , die jemand im jugendlichen Alter
begangen hat. Als übertriebener und oft scherzhaft
gemeinter Begriff gilt der Terminus für eine
Schöpfung in jungen Jahren oder zu Beginn eines
Berufes, mit der sich der Betroffene später nicht
mehr identifizieren kann und möchte. Die
sinngemäße Verwendung – beispielsweise „der
Jugend Sünde"oder „meiner Jugend Sünde" –
findet sich bereits Mitte des 17. Jahrhunderts.
Anfang bis Mitte des 18. Jahrhunderts erfolgte die
Zusammenschreibung und gegen Ende des 18.
Jahrhunderts hatte sich „Jugendsünde(n)" als
Begriff etabliert. Im juristischen Sinn ist die
Jugendsünde eine Verfehlung, die aufgrund des
Alters oder des Entwicklungsstadiums des
Ausführenden als minder schwer eingeschätzt
wird. Im Unterschied zur Sünde fehlt allerdings im
Allgemeinen die religiöse Beurteilung der Tat.
Unterscheiden lassen sich hierbei

- Handlungen, bei denen andere nur geringfügig
  geschädigt werden (z. B. Streiche) und die, falls
  sie überhaupt strafrechtlich relevant sind, unter
  das Jugendstrafrecht fallen.

- Überzeugungen oder Tätigkeiten, die im früheren
  Kontext des Handelnden akzeptiert wurden, ihm
  im Nachhinein aber peinlich sind. Hierunter fallen
  zum Beispiel Modetrends, Überzeugungen oder
  die Mitwirkung an Filmen. Entscheidend ist

hierbei neben dem zeitlichen Abstand, dass sich das Umfeld des Handelnden grundlegend geändert hat.

1.2 Sünde und Schuld im „Vater unser"

„Und vergib uns unsere Schuld(en), wie auch wir vergeben unseren Schuldigern."
Es ist erstaunlich, dass, wenn man theologische Lexika aufschlägt, um den Begriff Schuld zu suchen, man den Verweis erhält, doch bei Sünde weiter zu lesen. Der Begriff Scham fehlt gelegentlich sogar ganz.
Was aber versteht die Theologie unter den Begriffen Sünde, Schuld und Scham. Es sind Begriffe deren Bedeutung vielfach nah beieinander liegt und die doch unterschiedliche Akzente betonen.Sünde ist theologisch gesehen keine moralische Kategorie. Es geht bei diesem Begriff nicht um das aktive Tun des Menschen, wenn er beispielsweise gegen gute Vorsätze verstößt oder einen unmoralischen Lebenswandel hat, so wird dies ja umgangssprachlich gern verwendet.
Von Sünde spricht die Theologie im Blick auf den unvollkommenen Zustand des Menschen, der ihn von Gott trennt. Sie beschreibt den Abstand zwischen Gott und Mensch (Sund als Abgrund/Tiefe). Der Mensch kann von sich aus diesen Abstand nicht überwinden, aber mit Glauben begegnen. In der Christlichen Theologie ist das Evangelium durch Jesus Christus, das, was den Abstand überwindet.
Der Griechische Begriff *harmatia* für Sünde kommt aus dem Bereich des „Bogenschießens" und bedeutet, die Zielscheibe verfehlen. Der Mensch, der im Abstand von Gott bleibt und bleiben will, verfehlt das Ziel seines Lebens, seinen Weg zum Glauben, seinen Weg zu Gott. Der Mensch ist darin sündig, dass er das Angebot Gottes - auf ihn allein zu vertrauen - zurückweist und nicht annimmt. Sünde beschreibt demzufolge die gestörte, getrennte Beziehung zwischen Gott und Mensch. Es ist die nicht erwiderte Liebe des Menschen im Blick auf Gott. Schuld hat demgegenüber einen stärker handlungsbezogenen Aspekt. Schuldig werden wir durch unser Tun

oder auch durch unser Nichttun. Wir laden Schuld auf uns durch die Übertretung bestimmter Gebote oder Normen. Der englische Begriff ist hier eindeutiger: trespasses, Übertretungen: eine Grenze wird übertreten, überschritten. Mit der Tatsache der Schuld, also der Handlung, der Übertretung korrespondiert eine zweite Ebene, die eher emotional zu beschreiben ist: das Schuldgefühl. Im besten Fall korrespondieren die tatsächliche Übertretung und das Gefühl. Ich habe etwas Unrechtes getan, ich habe ein Schulgefühl. Nicht selten aber fühlen wir uns schuldig für Dinge, auf die wir keinen Einfluss haben, das Schuldgefühl wird zum Dauer-begleiter und verselbständigt sich, ist nicht mehr an eine Tat gebunden.

Doch auch das andere Phänomen ist bekannt und aktuell: wir entwickeln kein Schuldgefühl, obwohl eine Übertretung vorliegt. Der Verweis auf Politik und Finanzwirtschaft soll hier illustrieren, was damit gemeint sein könnte.

Theologisch-religiös geht es bei dem Phänomen Schuld nicht um eine grundsätzliche Beschreibung des So-Seins des Menschen, sondern immer um Handlungen von Menschen, die in ihrer Folge Unglück und Verderben nach sich ziehen. Dabei gilt es jedoch Tat und Person zu unterscheiden: Unsere Taten machen uns in Teilen schuldig, aber nie als ganze Person. Du bist als Person immer mehr als Deine Taten. Diese reformatorische Erkenntnis ist wichtig; gerade im Blick auf den Umgang mit Menschen, die tatsächlich Schuld auf sich geladen haben.

1.3 Scham

Scham ist im Gegensatz dazu nicht grundsätzlich an eine Handlung gebunden, sondern ist ein globales Grundgefühl, dass den Menschen ganz einnimmt. Wer sich schämt, stellt sich als Person in Frage. Die Tiefe des Schamgefühles korrespondiert maßgeblich mit der Achtung des Menschen vor sich selbst. Wer kein stabiles Netz von Selbst- und Fremdbeziehung hat, antwortet häufig mit Scham.

Menschen schämen sich bestimmter äußerlicher Merkmale, sie schämen sich ihrer sozialen Herkunft oder auch ihrer Unfähigkeit im Blick auf bestimmte Aufgaben, bzw. Erwartungen, die an sie gestellt werden. Sie schämen sich, wenn sie sich bloßgestellt fühlen oder wenn sie sich selbst bloßgestellt haben und dies ihnen mit einem mal schlagartig unter den Blicken der Anderen bewusst wird. Damit lässt sich leicht sehen: Scham ist weit mehr als Ängstlichkeit, vornehmlich auf die eigene Körperlichkeit bezogen. Dies wird häufig verkürzt so gesehen. Scham kann zu einer Charakterhaltung werden. Manche Menschen scheinen sich dafür zu schämen, dass sie überhaupt da sind.

Aber Scham hat auch durch und durch lebensdienliche Seiten. Ein gänzlich scham- und hemmungsloses Miteinander möchte ich mir nicht ausmalen. Ursache von Schamgefühlen ist oft Angst, Angst nicht mehr dazu zuhören, Angst davor anders zu sein, Angst vor Isolation, Angst vor Nichtachtung als Person.

Im Gegensatz zur Schuld kann Scham nicht vergeben, sondern nur bearbeitet, integriert und verwandelt werden. Scham als Ganzkörpergefühl kann nur von dem jeweilig betroffenen Menschen überwunden werden. Taten, Handlungen können vergeben und verarbeitet werden, weil sie – wenigstens in Teilen - von der Person isoliert/getrennt betrachtet werden können.

Bibeltexte können für ein vertieftes Verständnis zu den Begriffen beitragen. Die biblischen Überlieferungen verstehe ich dabei als literarische Texte, in denen Glaubens-Überzeugungen und Menschheitserfahrungen weitergegeben werden. Die Texte der Bibel haben einen langen Tradierungsprozess durchlaufen und sind oft über Jahrhunderte immer wieder bearbeitet, korrigiert und ergänzt worden. Sie sind also nicht "vom Himmel gefallen", sondern sind als Zeugnisse zu lesen von Menschen, die über ihren Glauben und ihre Gotteserfahrungen berichten.

Die Biblischen Texte entstammen einer langen Tradition auch mündlicher Überlieferung und tragen in sich trotz festgestellter Tradierungs- und Redaktionsprozesse eine eigentümliche Dynamik, die die Lebenswirklichkeit und Grundfragen des Menschen berühren und hinterfragen können.

Es soll im Folgenden nicht darum gehen, zu diskutieren, ob Gott die Welt in 7 Tagen erschuf und wo sich das Paradies „geographisch" befand. Sondern jeder kann die Texte dahingehend befragen, welche Glaubensaussage sie machen, wie sie über Gott und Mensch sprechen, wie sie das Verhältnis beider beschreiben, und ob daraus jeder, der will, auch heute noch etwas lernen kann. Hierbei muss sich jede theologische Aussage an die biblische Grundlage zurück „binden" lassen.

Es gibt nicht viele Themen, die sich in so klassischer Weise bereits in der Urgeschichte, d.h. den ersten 11 Kapiteln der Genesis nachlesen lassen, wie das Thema Schuld und Scham. Die Erzählung von Adam und Eva ist im Groben den meisten westlichen Menschen bekannt. Nicht immer nur als biblischer Text, sondern vielleicht auch aus der Kunst, wo die Erzählung gern als Motiv verwendet wird. Dabei habe ich zunächst unterschieden, zwischen zwei Schöpfungsberichten, die in der Bibel dokumentiert sind. Sie stehen direkt hintereinander, sind aber zu völlig verschiedenen Zeiten entstanden und legen in ihren Berichten sehr unterschiedliche Schwerpunkte. Der erste Bericht, ebenso bekannt wie Adam und Eva, berichtet von Gottes Schöpfung der Welt in sieben Tagen. Diese Erzählung ist nicht fokussiert auf die Frage, wie es zum schuldig werden der Menschen kam, sondern es geht hier um die Feststellung, dass die Welt, die Geschöpfe, die Natur, Sonne, Mond und Sterne von Gott gemacht und für gut befunden sind. Jede Schöpfungstat Gottes wird mit den Worten beschlossen: Und siehe es war sehr gut.

Der Mensch wird geschaffen als Ebenbild Gottes. *Und Gott schuf den Menschen zu seinem Bilde, zum Bilde Gottes schuf er ihn: und schuf ihn als Mann und Weib.* Aufgabe des Menschen ist es, die Erde zu bevölkern, *seid fruchtbar und mehret Euch und über sie zu herrschen.* Das „herrschen über", stelle ich hierbei in Frage, wie wir es tun.

Dieser Schöpfungsbericht endet mit der Segnung des Sabbats. Am siebten Tag ruht Gott von seinen Werken. So wie auch der Mensch diesen Ruhetag halten soll. Im babylonischen Exil, wo dieser Schöpfungsbericht entstanden ist, war diese Forderung, der sich im Exil befindlichen Israeliten einzigartig. Kritik und Identität stehen also im Hintergrund dieses ersten Schöpfungs-berichts.

Kritik am den altorientalischen Vorstellungen der Himmelsgötter und Identität im Blick auf eine Verhaltensvorschrift: Die Einhaltung des Sabbats. Diese Einhaltung grenzt die Exilierten von der übrigen babylonischen Bevölkerung ab und stiftet Identität.

Der zweite Schöpfungsbericht ist von ganz anderer Art und weit vor dem ersten entstanden, etwa im 8. Jahrhundert v. Chr.. Er ist ebenso bekannt wie der erste, ist aber sprachlich ganz anders gefasst und verfolgt andere Ziele. Dieser Schöpfungsbericht führt zentral zum Thema Schuld und Scham und ist ausschlaggebend für die in der Kirchengeschichte oft falsch interpretierte

35

Herabsetzung der Frau unter den Mann und die Frage nach der sogenannten "Erbsünde". Es ist die Geschichte von Adam und Eva.

Die Scham ist kein Thema, dem man sich gerne zuwendet. Wer sich schämt, hat etwas zu verbergen. Darüber zu sprechen, hat etwas Peinliches. Denn Scham steckt irgendwie an. Heute reden wir darüber!

In der Theologie , selbst in der Psychologie, wurde die Auseinandersetzung mit diesem Thema lange Zeit vernachlässigt. In den 90er Jahren hat dann Leon Wurmser ein gründliches Werk mit dem Titel die Maske der Scham1 geschrieben, es ist ein zutiefst menschliches Thema. So erzählt die Bibel gleich am Anfang davon: Adam und Eva schämten sich und suchten, sich zu verbergen. Und diese Geschichte erzählt von der Menschwerdung, zu der die Erfahrung von Scham und Schuld als Bedingung für Verantwortlichkeit gehört.

Was sind die ersten Einfälle, wenn ich an Scham denke, wenn ich von meinen eigenen persönlichen Erfahrungen absehe? (Namen geändert).

Beispiele

Ich denke an Anne, eine Frau, damals ein Mädchen: Sie hat jahrelang in der Schule geschwiegen, weil sie immer rot wurde, wenn sie was sagen wollte. Erst als ganz deutlich wurde, dass sie wirklich viel zu sagen hat und Lehrer sie ermutigten, fing sie langsam an, sich zu beteiligen. Bis heute muss sie immer damit rechnen, dass sie einen roten Kopf bekommt, wenn sie in einer Versammlung das Wort ergreifen möchte, wenn sie einen Wunsch äußern oder ein besonderes Anliegen formulieren will.

Ich denke an Susanne, die von ihrem Mann verlassen wurde, für sie ganz unerwartet und kurz, nachdem sie ein Kind verloren hatte. Er hatte eine andere kennen gelernt, die für ihn viel aufregender war. Er hat sie richtig sitzen lassen und ist dabei respektlos mit ihr umgegangen. Sie hat sich nicht wehren können. Sie hat nicht gut für sich sorgen können bei der Trennung. Sie war voller Scham und mochte nicht darüber sprechen. Jahre hat sie gebraucht, um sich davon zu erholen. Sie hatte sich identifiziert mit dem, was ihr Mann mit ihr getan hat. Das Verlassenwerden hatte für sie bedeutet: Du bist keine begehrenswerte Frau, du bist von minderem Wert. Du bist eine Verlassene, eine, die man wegwerfen kann. Es war eine harte, auch therapeutische Anstrengung für sie zu begreifen, dass sie eine sehr schöne und liebenswerte Person ist, und dass sie sich abgrenzen kann gegen Entwertungen durch andere.

Ich denke an Franz, einen Musiker, der davon erzählt, dass er Jahrelang der Überzeugung war, er könne nicht gut spielen. Er hat seinem eigenen Maßstab nicht genügt. Heute spielt er drauflos und hat seine Freude daran. Er spielt schön, nicht erstklassig. Niemand würde auf die Idee kommen, dass es peinlich sei, wenn er spielt. Er sagt heute, damals hat er sich an einem fremden Maß gemessen, das in ihm war. Heute hat er sein eigenes Maß gefunden. Und er weiß inzwischen: Er kann viel wagen, er kann viel von sich zeigen, wenn er selber sich nicht dabei schämt. Dann können andere sagen, was sie wollen.

Ich denke an Peter, einen Feinmechaniker. Er hat in einem Unternehmen gearbeitet, das Insolvenz anmelden musste. Als er arbeitslos wurde, begann er diese Situationen zu hassen, bei Festen oder bei Ämtern, wo er gefragt wurde: Was arbeiten Sie denn? Er hat sich zutiefst dafür geschämt, arbeitslos zu sein, hat sich zurückgezogen und dadurch Chancen, die er hätte nutzen können, gar nicht wahrgenommen. Erst viel später hat er durch solidarische Kontakte zu andern Betroffenen herausgefunden, dass Arbeitslosigkeit in erster Linie ein gesellschaftliches Problem ist. Aber in der öffentlichen Meinung wird es immer wieder abgeschoben auf Individuen, denen die Schuld an ihrem Schicksal gegeben wird, etwa, wenn von der sozialen Hängematte die Rede ist, oder davon, dass Arbeitslose der Gesellschaft zur Last fallen. Viele Arbeitslose identifizieren sich mit dieser Projektion. Dann fühlen sie sich beschämt und müssen sich mit ihrer Entwertung herumschlagen in einer Welt, in der nur etwas wert ist, wer etwas leistet. Heute denkt Jochen: Das ist eine Unverschämtheit.

Ich denke an Sascha, einen Pastor, der in die Krankenhausseelsorge gegangen ist, weil er eine pastorale Arbeit suchte, bei der er möglichst wenig Gottesdienste halten muss. Denn im Vikariat hat er eine schlimme Erfahrung gemacht: Wenn er in die Nähe des Altars kam, bekam er Herzklopfen; er drehte sich zu den Leuten und hatte einen Kloß im Hals. Seine Stimme versagte, er wollte am liebsten im Boden versinken, verschwinden, nicht mehr da sein. Weil dies ein heftiges wiederkehrendes Symptom war, hat er sich in eine Therapie begeben und herausgefunden, dass sein eigener Vater ihn, als er klein war, mehrfach auf schlimme Weise beschämt und ihm vermittelt hatte: Du bist es nicht wert, dass Du die Füße unter meinen Tisch stellst. Inzwischen kann er sich davon besser distanzieren und kann auch Gottesdienste halten, wenn auch nicht besonders gern. Er ist übrigens ein hervorragender Seelsorger, soweit ich das beurteilen kann.

Und ich denke an Frank, der einmal mit angesehen hat, wie eine alte Frau von Jugendlichen in der Bahn übel behandelt wurde. Er hat so getan, als hätte er nichts gesehen und ist dann schnell weggegangen. Er schämt sich furchtbar, wenn er daran denkt, und findet sich feige.

Was ist Scham?

Scham hat verschiedene Orte, an denen sie sich aufhält, und sie hat so viele Gesichter wie es Menschen gibt. Man kann das Phänomen der Scham intrapsychisch betrachten, als ein Gefühl, das alles andere überschwemmt, und als Angst vor diesem Gefühl. Wer sich schämt, glaubt sich exponiert und beobachtet, ist unsicher und befangen, fühlt sich klein und minderwertig. Man hat den Impuls, das Gesicht zu verstecken und in der Erde versinken zu wollen. Man fühlt eine Diskrepanz zwischen dem, was sein sollte und dem, was ist.

Das Schamerleben ist immer an eine Beziehung gebunden. Scham ist als intersubjektives, als soziales Phänomen zu betrachten: Scham wird in der Beziehung zwischen Menschen als Grenzverletzung, als Erniedrigung erlebt, ist durch die Erfahrung fehlender Anerkennung und mangelnden Respekts verursacht. Sie tritt auf, wenn andere Menschen etwas sehen können von mir, dessen ich mich selber schäme. Wenn ich bei etwas erwischt werde. Wenn ich entblößt werde. Wer über andere herrschen will, kann dieses Gefühl aus-nutzen. Er setzt dieses Instrument mehr oder weniger systematisch und gezielt ein, indem er dafür sorgt, dass es zu beschämenden Situationen kommt. Leute, die sich für etwas schämen, leisten keinen Widerstand.

Scham wird meistens unter einem negativen Aspekt betrachtet, weil sie mit schlimmen Erfahrungen verbunden ist. Dabei spielt sie eine sehr konstruktive Rolle in jedem Leben, in jeder Entwicklung. Sie steht wie eine Wächterin zwischen innerer und äußerer Welt und wird wach, wenn die Grenzen zwischen innen und außen angegriffen oder verletzt werden. Sie bewacht unsere Intimsphäre, sie schützt unsere Würde als Person, sie sichert unsere Körper und Seele vor Grenzüber-schreitungen. Sie sorgt im besten Fall dafür, dass wir uns vor Übergriffen und Verletzungen schützen, dass wir uns abgrenzen, dass wir verbergen, was im Verborgenen bleiben sollte. Denn es gehört nicht immer alles ans Licht der Öffentlichkeit. Der Respekt vor der Scham eines anderen Menschen sorgt für dessen Würde. Schneider vergleicht die Scham mit einer Dunkelkammer, die einen Film vor einer unzeitgemäßen Belichtung bewahrt. Und Hannah Arendt sagt: „…die Eigenschaften des Herzens bedürfen dieser Dunkelheit und des Schutzes gegen das Licht der Öffentlichkeit, um sich entfalten oder auch nur bleiben zu können, was sie sind: die innersten verborgenen Antriebe, die sich zur öffentlichen Zurschaustellung nicht eignen."

Manchen Menschen fehlt diese Grenze. Sie sind schamlos: Sie plaudern private Dinge aus, sie sind unverschämt, sie schämen sich nicht, obwohl sie etwas getan haben, wofür man sich schämen sollte. Die Medien sind ein Ort von Schamlosigkeit; der Voyorismus vieler Menschen, die Lust daran, andere in erniedrigenden oder verletzten Positionen zu sehen, macht es möglich, dass Schamgrenzen in der Öffentlichkeit ohne Protest verletzt werden. Dadurch wird die Menschenwürde mit Füßen getreten. Vielleicht kann man Kulturen daran erkennen, wie sorgfältig sie mit der Schamgrenze umgehen. Schamfähigkeit ist ein hoher Wert.

Die Scham sorgt dafür, dass wir Situationen meiden, in denen es zu einer Beschämung kommen könnte. Wir möchten unsere Blöße bedecken, der Demütigung aus dem Wege gehen, wir senken schamhaft den Blick, wir ziehen uns zurück, weichen aus. Ein nicht geringer Anteil unserer alltäglichen Kommunikation dient diesem Zweck, Beschämungen zu vermeiden oder Beschämungen vorzubeugen. Manche öffentlichen Rituale haben den Sinn, dass jemand, der versagt hat, sein Gesicht wahren kann.

Neben diesen defensiven Formen gibt es sehr offensive Formen, sich vor potentieller Beschämung zu schützen: Ein kleines Kind, das von seiner Tante beschämt wurde, mag sie mit Schimpftiraden überhäufen und trotzig angreifen. Oder jemand exponiert sich bei einer Feier in provozierend unangemessner Weise und ruft bei allen Zuschauern ein peinliches Gefühl hervor. Ein anderer erzählt vorsätzlich etwas sehr Intimes an einem Ort, wo das mit Sicherheit nicht hingehört. Man kann die Sache auch umkehren und seinerseits andere beschämen: Sich möglichst großkotzig äußern, andere herabsetzen, ihnen Angst machen, ihnen das Gefühl geben, minderwertig zu sein. Trotz oder auch Jähzorn sind Bastionen gegen die potentielle Beschämung.

Viele Jugendliche verwandeln in eine aktive Handlung, was sie vielleicht einmal erlitten haben, indem sie andere lächerlich machen: Das Ungeliebte, Verachtete, ihr eigener kindlicher Anteil, dessen sie sich schämen, wird auf andere geworfen und hier dem Gespött preis-gegeben.

Mit der Scham möchten wir alle möglichst wenig zu tun haben. Wenn aber die Scham ein zutiefst menschliches Gefühl ist, dann kann sie dazu beitragen, dass wir menschlicher werden, mit selbst und miteinander. Das bedeutet aber, sich ihr zuzuwenden und sich mit ihr auseinander zu setzen.

Ich werde das in 4 Schritten tun: Im ersten geht es um die Soziodynamik der Scham, im zweiten geht es um die Psychodynamik der Scham, im dritten um die Scham in seelsorgerlichen und supervisorischen Situationen, und im Vierten geht es um die Scham in der Kirche und im pastoralen, diakonischen Beruf.

1.4 Soziologie der Scham

Wir sind von Anfang an soziale Wesen; das Individuelle
an uns ist nur eine bestimmte Mischung der Elemente,
die sich aus dem interaktionellen Kontext, in dem wir
leben, in uns versammelt haben. Foulkes sagt, wir sind
ein Knoten in einem Netzwerk der Kommunikation.
Menschen sind voneinander abhängig, weil sie einander
brauchen, und unsere Wirklichkeit ist eine Frucht unserer
wechselseitigen Abhängigkeiten, Verflochtenheiten,
Verwicklungen.
Dass einer hat, was die andere braucht, bedeutet, dass
er eine Funktion hat für sie, mit der er Macht ausüben
kann. Die Scham wird gesellschaftlich dazu genutzt, eine
bestimmte Sozialstruktur zu formen. Es gibt Personen,
von denen man sich beschämt fühlt und andere, wo dies
nicht der Fall ist. Die einen haben mehr Autorität für uns
als die andern.
Das Gefühl der Scham ist nach Norbert Elias eine soziale
Funktion. Sie wird sozusagen antrainiert und mit ihr wird
Macht ausgeübt. Macht ist nach Elias die Fähigkeit, die
Positionierung von Schamschwellen zu beeinflussen.
Dieser Prozess geschieht ständig und meistens
unbewusst. Das Sozialsystem zwingt den Individuen
durch die Mobilisierung von Scham eine die Macht
stabilisierende Selbstkontrolle auf.
Elias beschreibt in seinem Buch: Geschichte der
Zivilisation, die Veränderungen der Scham im Lauf der
Geschichte. Die Schwelle der Scham hat sich verändert.
Scham wird immer mehr zur Privatsache. Was früher
ohne Scham, also schamlos, öffentlich statt fand, z. B.
den Darm zu entleeren oder zu schlafen, findet
zunehmend in privaten Räumen statt. Manches wanderte
bis in verborgene Regionen der Psyche, die wir das
Unbewusste nennen. Mithilfe der Scham wurden
zwischen Menschen soziale Unterschiede gesetzt, und
es wurde ein Gefühl des eigenen Selbst geschaffen, das

es so früher nicht gab. Scham und die daraus sich ergebende Bedrohung, ausgeschlossen zu werden, wird in Gruppen zu dem Zweck genutzt, die Grenzen der Zugehörigkeit zu kontrollieren. Wer Schamgrenzen überschreitet, gehört nicht mehr dazu. Ein Mädchen raucht nicht auf der Straße, und wenn, dann hat sie sich zu schämen, und man muss sich ihrer schämen. In Dörfern gibt es dazu viele Geschichten.

Die religiöse Autorität hat an dieser Stelle lange Zeit viel Macht gehabt. Die Kontrolle von Menschen durch bestimmte Normsetzungen, vor allem im Blick auf die Sexualität, ist zeitweise in barbarische Unterdrückung umgeschlagen. Frauen wurden beherrscht oder ausgemerzt, wenn sie sich nicht anpassten und eigene Wege gingen. Diese Geschichte steckt uns in den Knochen. Viele Kirchenfrauen sind überaus anfällig für Scham- und Schuldgefühle, die in keiner Verbindung stehen zu ihrem realen Tun oder Lassen. Sie stellen sich ein, sobald sie den Erwartungen anderer nicht entsprechen, sobald sie autonome Wünsche haben.

In der Zeit des aufkommenden Feminismus gab es eine aufwühlende Auseinandersetzung mit weiblicher Scham. Es gab Bücher, in denen Frauen davon erzählten, wie sie unter großen Mühen zu der Erkenntnis gelangt waren, dass ihre Scham- und Schuldgefühle nur Leid verursachten und keinen Sinn machten außer diesem, nämlich ihr Begehren, ihre Wünsche und ihr Wollen, zu unterdrücken. Die Scham ist vorbei hieß so ein Buch, und es erzählte von einer Befreiung. Diese Befreiungen bedeuteten auch, dass frühere Bindungen und Zugehörigkeiten aufgekündigt wurden. Ein schwieriger Prozess, der manche heimatlos gemacht hat. Denn Menschen, die an mehreren sozialen Kontexten mit unterschiedlichen Schamschwellen partizipieren, geraten dadurch in große innere Konflikte, Schamkonflikte. Vielleicht kann man sagen: Es gibt Schamgefühle, die uns als Individuum stützen und unsere Würde bewahren.

Es gibt aber auch gemachte Schamgefühle, die repressiv sind und die es zu überwinden gilt. Es ist nicht leicht, das eine vom andern zu unterscheiden.

1.5 Psychodynamik der Scham

Erik Erikson hat die Scham zusammen mit dem Zweifel in der analen Phase angesiedelt. Scham hat damit zu tun, dass wir eine Rückseite haben, die wir selber nicht sehen können. Sie ist ungehindert und ungeschützt dem gutwilligen oder böswilligen Blick der anderen ausgesetzt. Es sind zwei Entwicklungen, die dieser Phase mit ihrer besonderen Verletzlichkeit Gewicht geben: Das Muskelsystem, das die willentliche Ausscheidung steuert, koordiniert sich, und dabei entwickelt sich seelisch das heftige Bedürfnis, mit Willen festzuhalten oder loszulassen und beides zu üben. Das immer noch sehr abhängige Kind beginnt, einen enormen Wert auf seinen autonomen Willen zu legen.

Aus der Erfahrung von Selbstbeherrschung entsteht ein Gefühl von Stolz und Autonomie. Aus dem Verlust der Selbstkontrolle und dem übermäßigen Eingreifen der Eltern entsteht ein Gefühl von Zweifel und Scham. Das Kind braucht Unterstützung, damit es nicht dem Gefühl anheim fällt, sich vorzeitig und lächerlich exponiert zu haben. Diese Phase ist im Hinblick auf die Entwicklung der Scham besonders empfindlich.

Erikson weist in seinem Buch: Identität und Lebens-zyklus,darauf hin, dass viel von der Scham und dem Zweifel, der Erniedrigung und der Unsicherheit, die in dem Kinde entstehen, eine Folge der Enttäuschung und Entwertung der Eltern ist, die jene in ihrer Ehe, in ihrer Arbeitswelt, in ihrer gesellschaftlichen Stellung und Umwelt erlitten haben. Sie geben sie weiter an die nächste Generation. Weil dies unbewusst geschieht, haben manche Menschen Schamgefühle, deren Inhalt sie nicht kennen: Sie haben sie aufgenommen von Mutter oder Vater.

Freud verlegt die endgültige Ausformung von Gefühlen wie Scham, Ekel, Moral in die Zeit des 5. bis 12. Lebens-jahres und verknüpft sie sehr eng mit der Sexualität. Es geht bei der Scham um eine Spannung zwischen dem Wunsch, sich zu zeigen, sich darzustellen, bewundert zu werden und dem gegenteiligen Bedürfnis.

Scham ist mit dem Geschlecht verbunden; das sagt unsere Sprache, wenn sie unsere Geschlechtesteile mit Scham oder Blöße bezeichnet. Insofern gibt es auch spezifisch unterschiedliche Formen der Scham bei Männern und Frauen. Im Verhältnis der Geschlechter zueinander und in den gesellschaftlichen Rollen-zuschreibungen von Mann und Frau ist die Scham ein zentrales Thema. Von oder vor einer Frau beschämt zu werden, ist für Männer ein Grauen.

Die schlimmsten Beschämungen, die Frauen erleiden, haben wohl mit ihrem Geschlecht zu tun, man könnte auch sagen, mit verunglückter Liebe. Traumatisierende Erfahrungen sind immer mit Beschämung verknüpft und u.a. deshalb so besonders schwer zugänglich.

Die Scham macht in der Biographie eines Menschen eine Entwicklung durch: Es beginnt bei den ersten Interaktionen mit der Mutter, in denen neben Übereinstimmungen auch Diskrepanzerfahrungen gemacht werden, die zu Unlustempfinden führen, zu einem Eindruck davon, dass etwas nicht in Ordnung sei. Diese Diskrepanzerfahrungen führen gleichzeitig zu einer Differenzierung zwischen Selbst und bedeutsamem Anderen.

Als eine Art Rettungsversuch für den gekränkten Narzissmus entwickelt sich das Ich-Ideal. Es begründet aber zugleich ein mögliches schamhaftes Erleben des Ich als minderwertig. Das reife Schuldgefühl entwickelt sich erst viel später. Die Scham kann sich allerdings nur dann weiter entwickeln, wenn sie bewusst erlebt und besprochen werden kann. Unbewusste Scham, die etwa durch traumatisierende Erfahrungen verursacht ist, bleibt, wie sie ist. Sie verändert sich nicht.

Nach Wurmser ist die Scham der narzisstische Affekt schlechthin. Die entwicklungspsychologischen Wurzeln liegen bei den Ursprüngen des Selbstwertgefühls schon in den ersten Wochen nach der Geburt. Bedeutsam ist dabei neben anderen sinnlichen Berührungen der Blickkontakt zwischen Mutter und Kind, etwa beim Stillen. Die Mutter betrachtet ihr Kind als ein Ganzes, eine Person, während das Kind sich selbst noch nicht als integriert und nicht als abgegrenzt erlebt. Es teilt mit der Mutter vielmehr einen gemeinsamen Erlebensraum, in dem beide miteinander in Interaktion sind, in emotionalem Kontakt. Dieser Austausch ist lebenswichtig und konfliktträchtig zugleich: Hier kann Liebe und Selbstmächtigkeit erfahren werden, aber darin liegt auch die Quelle der Erfahrung von extremer Machtlosigkeit und Liebensunwürdigkeit.

Das spiegelnde Gesicht der Mutter oder des Vaters oder eines anderen nahen Menschen hat dabei existentielle Bedeutung. Winnicott sagt: Wenn ich sehe und gesehen werde, so bin ich. Wenn ich nicht gesehen werde, bin ich nicht. Beschämung ist im Grunde ein Gefühl von Vernichtung, Auslöschung, Nichtsein. Es ist furchtbar, wenn das Kind in den Spiegel schaut und nichts sieht. Die Mutter schaut das Baby an, und was für ein Gesicht sie macht, hängt mit dem zusammen, was sie sieht: Ihr Baby. Das Baby schaut die Mutter an und erfährt sich in ihrem Blick und ihren Gesichtszügen. Wenn sie lacht, erlebt das Kind, dass es eine Freude für die Mutter ist. Der Glanz im Auge der Mutter begründet und stärkt das Selbstwertgefühl.

Wenn das Kind keine emotionale Antwort im Blick der Mutter findet, wendet es seinerseits nach einigen Bemühungen, ihre Aufmerksamkeit zu gewinnen, den Blick ab, um dem Schmerz des Ausgelöschtseins, der psychischen Vernichtung zu entgehen. Man könnte auch sagen: Die Scham ist die Vermeidung dieser unerträglichen Erfahrung.

Dann entsteht ein inneres Chaos in dem Kind; es zieht sich zurück und geht nicht mehr in den Kontakt, auch in

anderen Situationen, in seinen Augen ist Hoffnungs-
losigkeit, Verzweiflung. Verfestigt sich diese Haltung
aufgrund wiederholter ähnlicher Erfahrungen, so wird es
für dieses Kind nur schwer möglich sein, überhaupt mit
einem andern Menschen in einen befriedigenden Kontakt
zu kommen.

Das Gefühl der Scham kann überhand nehmen, wenn es
nicht liiert ist mit einer hinreichend guten
Beziehungserfahrung. Dann überschattet es alle übrigen
Lebensbereiche so sehr, dass alles, was erlebt wird,
immer erst durch die Scham hindurch muss. D.h. es gibt
kein Vertauen in die Welt, und es gibt kein Gefühl davon,
etwas wert zu sein oder etwas bewirken zu können. Das
bedeutet aber auch: Es gibt keine Antenne für
Wertschätzung, die von außen kommen mag. Die
Wertschätzung durch andere Menschen kann dann nicht
empfangen und angenommen werden. Die paradoxe
ständige Suche nach Anerkennung ist dann aussichtslos;
sie bestimmt aber das ganze Leben. Das Schamgefühl
erwächst also aus der Enttäuschung des Wunsches,
betrachtet, wahrgenommen und anerkannt zu sein – da
zu sein und ein Recht darauf zu haben. Die frühe Scham
resultiert aus der Nichtübereinstimmung zwischen
erwarteter – nämlich freundlicher - und tatsächlicher
Antwort – der Ablehnung. Das Schamgefühl entsteht aus
einem sozialen Kontext heraus! Siehe hierzu auch von
D.W.Winnicott: Vom Spiel zur Kreativität

Durch die Scham werden wir, was wir sind. Und was wir
sind, ist durch die Wechselwirkungen der sozialen Netze,
in denen wir leben, auf der tiefsten Ebene geformt. Innere
und äußere Realität stehen in einer Wechselwirkung
zueinander. Es gibt keinen vom Sozialen unberührten
Kern in uns, denn unsere Seele formt sich in den
Interaktionsprozessen, die wir erleben. There is no such
thing as a Baby, sagt Winnicott. Es gibt kein Einzelwesen
vor der Beziehung.

Als Menschen sind wir von Anfang an Beziehungswesen. Man spricht von der primären Intersubjektivität. Wir sind, sobald wir auf der Erde sind, auf andere und anderes ausgerichtet. Und wir sind unmittelbar angewiesen auf emotionale Resonanz. Es braucht ein Passungsverhältnis zur Umgebung. Empathie ist ein wesentliches Element des Psychischen und ein Teil unserer biologischen Ausstattung. Wir sind angewiesen auf Einfühlung und Anerkennung unserer Bedürfnisse und Regungen und Aktionen. Die primären Erfahrungen in der Dyade sind geteilte Erfahrungen in einem gemeinsamen Erlebensraum. Das ist wie bei einem Tanz oder einem Duett. So kann es zu einer Entwicklung kommen, und langsam entsteht aus diesen geteilten Erfahrungen, aus dieser Spiegelung durch ein Gegenüber, eine psychische Struktur. Die Beziehungserfahrungen werden verinnerlicht. Unsere Seele ist gebaut aus diesen Erfahrungen, die wir in uns tragen.

Diese intersubjektive Abstimmung ist sehr empfindlich. Und natürlich kommt es dauernd zu Rissen, zu Brüchen, zu Nichtspassung. Auch diese Erfahrungen sind wichtig. Erst durch die Störungen kommt es zu einer Differenzierung zwischen Selbst und Anderem. Nicht, dass Frustrationen an sich vorteilhaft sind, aber sie sind es auf der Basis einer Beziehung, die genügend zuverlässige Resonanz bietet und auch die Brüche anerkennt. Mit dem Bewusstwerden der eigenen Person kommt es zugleich zu einem Abstand von der anderen wie auch zur eigenen Person, ein reflexiver Abstand, der es möglich macht, dass wir uns selbst ansehen. Gleichzeitig kommt es zu der Wahrnehmung, dass ein anderer ein anderer ist. Das Kind lernt, die Mutter anzuerkennen als eigenes Wesen. Ablösung und Übereinstimmung sind aufeinander bezogen. Distanz entsteht und ermöglicht Spielraum. Langsam können Frustrationen ertragen werden, ohne dass die Person davon grundlegend gefährdet wird. Beide können sich voneinander lösen und bleiben doch im Inneren miteinander verbunden.

In kleinen Dosen kann die Scham die Differenzierung zwischen Selbst und bedeutsamem Anderen erweitern. Sie unterstützt die Individuierung, indem sie das Gewahrwerden des Getrenntseins vom bedeutsamen Anderen schärft. Wenn passende Beziehungserfahrungen nicht gemacht werden oder nicht hinreichend gemacht werden, kommt es zu strukturellen Defiziten in der emotionalen Struktur des Selbst. Die Folge sind narzistische Persönlichkeitsstörungen oder sogenannte strukturelle Störungen. Sie sind wie eine Haus, dem wesentliche Teile einfach fehlen, die Fenster oder das Dach. Man kann die eigenen Gefühle nicht wahrnehmen oder beschreiben. Sie überfluten einen. Man kann sie nicht kontrollieren. Gleichzeitig mangelt es daran, andere als andere wahrzunehmen und sich in sie einzufühlen. Sie werden überfallen. Die Grenze zwischen Selbst und anderen ist nicht deutlich, innere und äußere Realität nicht unterschieden. Es fehlt der psychische Raum, in dem Selbstreflexion möglich wäre. Solche Menschen sind für die Mitmenschen nur sehr schwer auszuhalten. Sie können nicht lernen aus Erfahrung. Bei einem guten Gleichgewicht in der primären Interaktion kann eine Person ganz für sich sein und sich dennoch vollständig fühlen; sie kann aber auch ganz empfänglich für eine andere sein. Sie hat ein gesundes Schamgefühl. Sie kann etwas von sich zeigen und etwas verbergen. Sie kann allein sein oder mit anderen zusammen.

Bei einem negativen Kreislauf der Anerkennung dagegen kann Alleinsein als bedrohlich oder vernichtend erlebt werden, weil es beschämend ist. Oder das Bei-mir-sein scheint nur zu erreichen über die Wegstoßung der aufdringlichen Anderen. Einstimmung dagegen erscheint dann nur noch möglich durch Anpassung oder Unterwerfung unter den anderen. Die Abhängigkeit von einer anderen, Wünsche an den anderen sind schambehaftet. Formen der Initiative und des Wollens werden ersticken unter der Scham. Eine kann nicht zu sich und ihren Emotionen stehen. Sie wird den Blick immer eher senken; es wird ihr schwer fallen, einen andern Menschen offen anzusehen. So ein Rückzug kann bis zu autistischen oder lähmenden Symptomen führen.

1.6 Scham in der Seelsorge, Beratung und Supervision

Man kommt als Seelsorgerin nicht weit, wenn man sich mit einem beschämten Menschen solidarisiert, identifiziert und aus dieser Position heraus empört. Um wirklich etwas zu verstehen, wird man sich der Scham aussetzen und sich darin einfühlen müssen. Die Gefühle aufnehmen und in verwandelter Form zurückgeben. Wer in Seelsorge und Supervision tätig ist, bekommt es mit Sicherheit mit der Scham zu tun. Nicht, dass Seelsorge und Supervision an sich etwas Beschämendes hätten. Aber der Klient, die Supervisandin stößt in ihnen an Punkte, die dem Idealbild, das man von sich hat, nicht entsprechen, und das löst Scham aus. Scham entsteht aus der Differenz zwischen Ideal und Wirklichkeit. Aber dadurch, dass sie auftaucht, kann sie überwunden werden, etwa, indem deutlich wird, dass das Ideal überhöht ist, Druck macht, unterdrückt und niemandem hilft.

Scham entsteht in Seelsorge und in Supervision allerdings manchmal auch aus dem Konzept oder der Persönlichkeit eines Seelsorgers, der es für seine Aufgabe hält, möglichst schnell und möglichst schonungslos den Finger in die wunden Punkte zu legen oder auf das hinzuweisen, was er für die Wahrheit hält. Dieses – das muss deutlich gesagt werden – bedeutet, dass diesem Seelsorger seine eigenen Schamkonflikte nicht genügend bewusst geworden sind. Er benutzt nun seine Position zur Machtausübung zur Beschämung und wehrt damit sein eigenes Thema ab.

Menschen leben ja grundsätzlich in einer Spannung zwischen dem Bedürfnis, etwas von sich zu erzählen, zu offenbaren und dem Bedürfnis nach Selbstverborgenheit. Jeder Mensch bleibt sich selbst und andern ein großes Geheimnis. In der Seelsorge braucht es den Respekt vor diesem Geheimnis, es braucht Taktgefühl und das

Warten auf den rechten Augenblick. Wir müssen es respektieren, wenn die andere sich hinter ihrem Schweigen, ihren Ausflüchten, ihren Auslassungen verbirgt aus der Angst heraus, sich zu zeigen.

Offensive Formen der Beratung wie missionarische Ambitionen, Ratschläge oder nicht gefragte Deutungen sind Formen der Beschämung des Gegenübers, und die weit verbreitete Angst vor demütigender Aufdeckung in einer Therapie wird durch solche Interventionen bestärkt. Es gilt, in jeder seelsorgerlichen Situation die Balance zu finden zwischen Wahrheitssuche und dem Bedürfnis des Gegenübers nach Wahrheitsverschleierung. Oft wird es darum gehen, die Schamgrenze zu senken, indem man miteinander die Dinge ansieht, die „eigentlich" nicht zum Vorschein kommen sollten, wie. z.B. die erlebte Unvollkommenheit, das gekränkte Selbstwertgefühl, das Ungenügen. Sie werden vielleicht besser verstanden, vielleicht fällt ein neuer, ein gnädiger Blick auf sie, so dass der andere sie als etwas, das ihm zugehörig ist, annehmen kann.

Manchmal geht es aber auch darum, dass jemand ein mangelndes Schamgefühl hat, dass er respektlos oder unverschämt ist, obwohl er Gründe hätte sich zu schämen. Dann ist das Ziel des Gespräches eher die Entwicklung von Schamfähigkeit.

Das Schamgefühl taucht in Seelsorge, Beratung und Supervision auch beim Seelsorger usw. auf. Manche Klientinnen zeigen in der Supervision, in der Beratung oder in der Seelsorge nur ihre makellosen Seiten, auch dies ein Versuch, dem – befürchteten – vernichtenden Urteil des Gegenübers zu entgehen. Manche haben am Ende der Sitzung, wenn man mit viel Einfühlung einen möglichen Weg gemeinsam erarbeitet hat, alles schon vorher gewusst, nur nicht so deutlich. Man fühlt sich als Supervisorin dann ein bisschen peinlich berührt oder wird ärgerlich mit der Frage, warum man dann überhaupt gearbeitet hat. Man fühlt sich beschämt. Solche Gefühle sollten nicht unreflektiert geäußert werden. In der Seelsorge geht es um einen reflektierten Umgang mit den eigenen Gefühlen. Ich frage: Was bedeutet das, wenn ich mich jetzt schäme? Fühle ich damit etwas von meinem Gegenüber? Oder ist es mein eigenes altvertrautes Gefühl?

Manche Klientinnen beschämen die Supervisorin offensiv, indem sie auf Fehler oder Erinnerungslücken hinweisen oder indem sie in einer übergriffigen Weise persönlich werden. In einer alltäglichen Situation würde man sich dagegen wehren und eine Grenze setzen. Wenn man allerdings in einer seelsorgerlichen Situation Gefühle der Ohnmacht, der Hilflosigkeit und Beschämung in sich spürt, dann kann man das in der Regel als ein Gefühl verstehen, dass das Gegenüber uns gegeben hat, um uns verständlich zu machen, wie es ihm geht. Wir nennen das Gegenübertragung. Die gilt es, eine Weile auszuhalten und anzuschauen, um das Gegenüber besser zu verstehen. Anders gesagt: Wenn man versteht, dass diese Gefühle nicht die eigenen sind, dann kann man sie auch aushalten. Man kann sie in sich bewegen und auf behutsame verwandelte Weise zurückgeben. Man kann dann vielleicht sagen: Wenn ich in mich hineinspüre, dann entdecke ich eine große verletzende Scham. Kann es sein, dass es dies ist, was Sie quält und was Sie mir zeigen wollten? Darin liegt eine therapeutische Chance und ein Nutzen der Scham. Sie kann uns den Weg der Einfühlung weisen und damit eine Unterbrechung eines negativen Kreislaufes von Verurteilung, Scham, Verbergung einleiten.

Manchmal wissen und verstehen wir als Seelsorger und Supervisorinnen eine zeitlang gar nichts – und schämen uns vielleicht deswegen. Aber in unserem Nichtwissen sind wir der Wahrheit viel näher, als wenn wir Bescheid wüssten. Es kann ein Zeichen dafür sein, dass wir uns wirklich eingelassen haben. Es kann dazu beitragen, dass das Gegenüber seine eigenen Kräfte deutlicher wahrnimmt; es kann dann nicht mehr intellektualisierend über eine Sache geredet werden; man ist mittendrin; aber genau das ergibt auch die Chance, dass es zu Einsichten kommt, die nicht nur richtig, sondern emotional durchtränkt sind, also wirklich berührende oder erschütternde Einsichten.

Wo die Schamproblematik der Klientin unbewusst ist, können wir nicht mehr tun als möglichst achtsam damit umzugehen, ohne uns davon bestimmen zu lassen. Wo die Scham bewusstseinsnah und damit ansprechbar ist, lässt sie sich – wie andere Gefühle auch – für den Verstehensprozess verwenden – etwa als Hinweis auf eine Grenzüberschreitung oder ein sehr hohes Ich-Ideal.

Menschen wenden sich an Pastorinnen und Pastoren, wenn sie emotional erschüttert sind, wenn ihr seelisches Gleichgewicht zusammengestürzt ist, wenn sie verunsichert sind. Wenn sie sich an PastorInnen wenden, dann wenden sie sich bewusst oder unbewusst an eine Organisation, die das Unvollkommene, das Nichts-nützige, das Erniedrigte anerkennt und damit anders umgeht als der Rest der Welt. Das ist zwar nicht immer in der kirchlichen Realität der Fall, aber so lautet das Versprechen des Evangeliums.

Die Menschen suchen Anerkennung und einen gütigen Blick. Sie suchen Halt und Orientierung. Vielleicht können sie in der Seelsorge eine neue Erfahrung machen, indem sie dies, was ihnen fehlt, von der Seelsorgerin bekommen. Das kann ein Impuls in einer Entwicklung werden.

Sie gehen, wenn sie sich an eine Pastorin oder ein Pastor wenden, ein Risiko ein, denn sie befinden sich in einem seelischen Dilemma: Gerade damit beschäftigt, sich zusammenzureißen oder die fragmentierten Teile des Ich zusammen zu sammeln, wollen sie sich jetzt öffnen und ihre Scham überwinden, etwas von ihrer Verwirrtheit zeigen. Die Gefahr einer weiteren Beschämung durch Unverständnis, durch Bewertungen oder dadurch, dass sie für verrückt erklärt werden, ist groß. Manchmal ist es besser, wenn sie sich nicht sofort öffnen.

Wichtig ist ein sicherer Rahmen und eine offene ruhige Haltung der Seelsorgerin. Keinesfalls sollte zusätzliche Schamangst mobilisiert werden. Im Gegenteil: Manchmal kommen etwa Frauen, die in ihrer Integrität durch eine sexuelle Gewalttat schwer verletzt wurden.

Hier ist jede Art von Schutz und Besänftigung gut, damit sie ihre Selbstgrenzen wieder schützen lernen und einen respektvollen Umgang erleben.

Wer mit der Scham anderer Menschen heilsam umgehen möchte, sollte sich mit diesem Gefühl vertraut gemacht haben. Die Scham ist unser ureigenes Thema, und die Vorraussetzung dafür, andere annehmen zu können, ist die Durcharbeitung dieses Themas bei sich selbst. Das ist das einzige, was uns von den Menschen, die zu uns kommen, unterscheiden mag: Wir haben uns das Thema am eigenen Liebe bekannt gemacht. Nur deshalb haben wir eine etwas höhere Schamtoleranz und können darüber sprechen.

Scham ist ja nach Wurmser eine innere Grenze, die unsere Integrität wahren hilft. Wir werden unwillkürlich rot, wir schämen uns unseres Ungenügens. Wir fliehen vor dem verurteilenden Blick unseres eigenen Ich-Ideals, dem wir nicht standhalten können.

Viele Menschen sind dermaßen gefangen in dieser Dualität, dieser selbstkritischen Beziehung zu sich selbst, dass sie sich niemals frei und zwanglos bewegen können. Sie haben immer ihre Kontrolleurin neben oder über sich, und alles, was sie äußern möchten, ist erst mal diesem Blick unterworfen. Ein Herauskommen gibt es erst, wenn eine emotional bewegende Erfahrung mit einem Gegenüber gemacht wird, das einen anders anschaut, eine Dritte zwischen den beiden, die in mir sind, eine Dritte, die nicht urteilt, sondern mich freundlich ansieht. So wie Gott das tut.

Eine Seelsorgerin kann nicht einen andern Menschen allein durch ihre Anstrengung aus dieser Zwangsjacke herausholen. Sie wird an etwas im Gespräch Erwähntes anknüpfen und dazu vielleicht ein Symbol, einen Text finden, der die Scham aufnimmt und überholt. Vielleicht kann das ein wichtiger Anstoß sein auf einem Weg der Überwindung von repressiven Schamgefühlen.

1.7 Scham in Kirche und kirchlich-beruflichen Kontext

Ulrike Wagner Rau erinnert daran, dass die Scham für den Glauben, für den Pfarrberuf und für die Kirche ein zentrales Thema ist. Aus U. Wagner-Rau, „Den Blick nicht abwenden". Über einen vom Segen inspirierten Umgang mit der Scham, unveröffentliches Manuscript „Der Glaube, gesegnet zu sein, und die Möglichkeit, selbst zu segnen, hängen mit der Bereitschaft zusammen, dem standzuhalten, was mich beschämt." Die wechselseitige Zuwendung der Gesichter ist buchstäblich von Kindesbeinen an das, was uns als Person konstituiert. Wir werden, indem wir angesehen werden.

Diese uranfänglichen Erfahrungen werden beim Aaronitischen Segen wach gerufen: Es erscheint das Angesicht über uns, eines, das uns gnädig ansieht, eines, das Frieden schenkt. In dem Wort, der Geste und der Bilderwelt des Segens wird an eine Erfahrung erinnert, ohne die wir nicht leben können, und umgekehrt – als Gesegnete können wir leben. Vielleicht ist dieser Segen deshalb für viele Menschen das Wichtigste im Gottesdienst.

Das freundliche Angesicht Gottes als Ausdruck einer Haltung, die uns Menschen mit allem, was zu uns gehört, anerkennt, liebt – das ist wohl das, was überhaupt viele Menschen in der Kirche suchen. Es ist etwas Elementares und etwas Besonderes zugleich.

Von Bischof Ulrich stand neulich in der Zeitung: „Als christliche Kirche beanspruchen wir nicht, die besseren Konzepte für Wege aus der Krise zu wissen. Doch wir beanspruchen, offen mit unserer Unvollkommenheit umzugehen." Offen, das bedeutet doch: Dass wir uns ihrer nicht schämen, sondern sie annehmen als zu uns gehörig. Das christliche Menschenbild hat eine große

Kraft, weil es integriert, was immer wieder abgespalten wird. Es ist alles andere als harmlos.

Die Geschichte von Kain und Abel handelt von einem Mord. Sie birgt ein tiefes Wissen darüber, was es mit fehlendem Segen auf sich hat und wie ein destruktiver Kreislauf unterbrochen werden kann. Der Austausch der Blicke ist wesentlich für die Erzählung. Beide Brüder bringen Gott etwas von sich, bringen ihr Werk dar. Doch nur der eine gewinnt das Ansehen Gottes. Gott verweigert Kain seine Zuwendung und seine Anerkennung – Kain weiß nicht, warum. Er beschämt ihn damit zutiefst. Daraufhin zerfallen Kains Gesichtszüge, und seine Ohnmacht wandelt sich in wilden mörderischen Zorn. Er erschlägt seinen Bruder. Scham, Neid und Gewalt lösen eine schreckliche Dynamik aus.

Erst als Gott sich trotzdem dem Kain wieder zuwendet, ihn ansieht und ihn in seiner Not wahrnimmt, verwandelt sich die destruktive Energie in etwas Besseres: Kain bekommt das Zeichen, das ihn vor Rache schützt. Segen und die sich darin ausdrückende Liebe und Achtung haben die Kraft, Scham zu transzendieren und die Angst vor Entwertung und Ohnmacht zu bannen. Segen ist wie der Glanz im Auge der Mutter. Segen ist lebensnotwendig. Wir können „ohne ihn" nicht sein.

Luther beschreibt den Segen als unzerstörbares Licht in den Dunkelheiten des Lebens: Gott wird unserer Sünde nicht ansehen. Sein Angesicht ist nicht verfinstert, sondern er lässt sein Angesicht fröhlich und helle scheinen, um damit auch die Menschen fröhlich, keck, liecht und neu zu machen.

Dass ein freundlicher Blick einfach gut tut, das im Blick die Möglichkeit liegt zu vernichten – der böse Blick – oder aufzurichten, in Verzweiflung zu stürzen oder mit neuem Lebensmut zu erfüllen, ist ein Erfahrungswissen, dass wir alle haben. Jedes Gesicht, so glauben wir, wird von Gott angesehen, d. h. jeder Mensch hat ein Ansehen vor Gott. Die Beschämten und Entwerteten sind vor dem

Angesicht Gottes Gesegnete. Das bedeutet, dass sie von anderen Menschen als ansehnliche gesegnete Leute zu behandeln sind. In dieses Licht taucht der Glaube unsere Wahrnehmung, und das ist die Realität, von der wir ausgehen. Daher war es und ist es die Aufgabe der Kirche, den Blick zu richten auf Menschen und Probleme und Konfliktfelder, die gesellschaftlich gerade nicht in hohem Ansehen stehen, die in Gefahr stehen, der gesellschaftlichen Aufmerksamkeit zu entgleiten. Das ist besonders in den letzten Jahren eine besondere Herausforderung. Die Kirche ist in einem tiefen Wandlungsprozess begriffen, und wir wissen noch nicht, wo es hingehen wird. Sie hat gesellschaftliche Anerkennung verloren und ist mit massiven Entwertungen konfrontiert. Ulrike Wagner-Rau weist daraufhin, dass die Kirche selbst sich in ihrem Selbstverständnis mit dem Thema der Scham auseinandersetzen muss. Man kann sich schon sehr bedeutungslos fühlen, wenn man mit 10 Leuten in einer großen Kirche im Gottesdienst sitzt. In Ostdeutschland wird das sicherlich ganz anders erlebt als in Westdeutschland! Man kann sich auch darüber schämen, dass manche Gottesdienste so wenig ausstrahlen und manche Gemeinden bieder und engherzig sind. Aber warum ist das so?

Ich sehe viele Orte, an denen diese schmerzliche Auseinandersetzung übersprungen wird. Stattdessen werden Unternehmensberater geholt, die ökonomische Modell in die Kirche transportieren und zu ihrem Erfolg beitragen sollen. Nicht, dass wir von ihnen nichts zu lernen hätten. Aber wir dürfen dabei nicht unsere grundlegenden Überzeugungen abgeben. Jedenfalls gibt es zumindest in Westdeutschland die Versuchung, an dieser Stelle nicht hinzusehen, sondern die angemessene Scham und Trauer über manche Erfolglosigkeit zu überspringen und nach fremden Erfolgsmodellen Ausschau zu halten. Wir werden immer besser, immer größer – so scheint es. Aber das stimmt ja nicht. Die Fusionen werden ja vollzogen, weil wir abnehmen; das differenzierte Angebot kann nur noch in größeren Verbänden realisiert werden. Viele PastorInnen und DiakonInnen werden in ihrer Biographie mit dem Thema Scham Erfahrung haben. Die Motivation, diesen Beruf zu ergreifen, hat vielleicht sogar zu einem Teil damit zu tun, dass wir angesehen sein möchten, obwohl wir uns nicht immer so fühlen. Der Pastoren- und Diakonberuf ist in besonderer Weise mit dem Ansehen verbunden. Pastorinnen un und Diakoninnen stehen in der Öffentlichkeit. Ihr Sprechen, ihre Überzeugungen, ihr Aussehen, ihre Empfindungen und ihre Lebensform sind den Blicken anderer Leute ausgesetzt. Sie bekommen von diesen andern Zustimmung und Ablehnung, Gleichgültigkeit und Bewunderung. Sie sind ständig in der Gefahr beschämt zu werden. Sie bekommen schambesetztes im Rahmen ihrer Seelsorge zu hören. Die meisten Pastoren und Diakone, die ich kenne, haben ein sehr hohes Ideal, dem sie nicht genügen, und der Glaube, dass sie dennoch von Gott Angesehene sind, ist oft nicht wirklich Fleisch geworden in ihrem Leben. Sie sind ständig in der Gefahr, die eigene empfundene Unansehnlichkeit, Bedeutungslosigkeit oder ihr Ungenügen zu überspringen, indem sie sich andern zuwenden, die diese Probleme haben. Dann können sie sich ansehnlich fühlen und tragen gerade dadurch manchmal dazu bei, dass andere sich beschämt fühlen. Scham ist ein ständiges Thema in der Kirche. Man muss sie ansehen und mit ihr umgehen, damit man sprechen kann über das, was dahinter liegt. Es kann sich erst entwickeln, wenn es angesehen wird. Was nicht angesehen wird, bleibt stecken, bleibt, wie es ist. Der Glaube an den Segen heißt nicht, dass die Erfahrung von Scham, Selbstzweifel und Angst vor Liebesunwertigkeit zu umgehen wäre, sondern eher dies, dass es möglich und sinnvoll ist, durch diese Erfahrung hindurch zu gehen.

2.0 Schöpfungsmythen

Auf eine **Schöpfung** durch einen Schöpfer wird in Kulten und Religionen die Ursache für den Anbeginn der Welt (Erste Ursache) zurückgeführt. In Anlehnung daran wird auch die erschaffene Welt (das Leben, die Erde, das Universum) als **die Schöpfung** bezeichnet. Konzeptionen zur Erschaffung der Welt aus dem Nichts oder aus einem präexistenten Chaos gibt es in verschiedenen Religionen. Diese Mythen setzen stets eine eigenständige personifizierte Macht (Gott) als Erklärungsgrund an, die aus eigenem Antrieb die Welt erschaffen habe. Ein Schöpfungsmythos ist somit eine zumeist theologische oder religiöse Erklärung zur Entstehung der Welt, des Universums oder des Ursprungs des Menschen. Vor allem im Katholizismus, aber auch im Islam gibt es die Vorstellung, dass die Schöpfung nicht abgeschlossen sei, sondern sich als Creatio continua permanent fortsetze. Die heutige naturwissenschaftliche Kosmologie versucht die Existenz und Eigenschaften des Kosmos mit Hilfe physikalischer Prinzipien und Theorien zu erklären. Der Begriff *Schöpfung* wird deshalb auch bewusst eingesetzt, um auf einen religiösen Hintergrund zu verweisen, etwa in der Rede von der Bewahrung der Schöpfung. Wenn zwischen der religiösen Rede von Schöpfung und der naturwissen-schaftlichen Kosmologie ein Widerspruch gesehen und zugunsten der Schöpfungsidee entschieden wird, spricht man teilweise auch von Kreationismus.

Alter Orient
Als älteste bekannte Schöpfungsmythen der westlichen Welt gelten die der Sumerer mit den auch später in der Bibel auftauchenden Motiven. Diese Mythen, beispielsweise , die Erschaffung des Menschen wurden

in angepasster Form von den eindringenden Semiten übernommen.

Atraḥasis-Epos

Das Atrahasis-Epos entstand wahrscheinlich um oder vor 1800 v. Chr. Das Epos, das verschiedene sumerische Themen künstlerisch kombiniert und ältere mythologische Vorstellungen beinhaltet, hatte keine sumerische Dichtung als Grundlage. „Als die Götter (noch) Menschen waren" ist ein Ausspruch auf überlieferten Funden aus dieser Zeit. Die Geschichte, die in vielen ähnlichen Versionen existiert, handelt unter anderem vom Beschluss der Anunna , die Menschen als nachfolgende Generation der ebenfalls göttlichen Igigu zu erschaffen: „Du (Nintu) bist der Mutterleib, der die Menschen erschafft; erschaffe den Urmenschen, dass er das Joch auf sich nehme. Er nehme das Joch auf sich, das Werk des Enlil ; den Tragkorb des Gottes trage der Mensch ... Geschtu'e, den Gott der Planungsfähigkeit schlachteten sie (die Götter) in ihrer Versammlung. Mit seinem Fleisch und Blut überschüttete Nintu den Lehm. Für all die zukünftigen Tage ... wurde nun aus dem Fleisch der Götter der Widimmu... Die Igigu, die großen Götter, spieen Speichel auf den Lehm ... Mami/Nintu tat ihren Mund auf und sprach: Eure (Igigu) schwere Mühsal schaffte ich ab, euren Tragkorb legte ich den Menschen auf." – Atraḥasis-Epos, Tafel 1, Verse 194 bis 241

Gilgamesch-Epos

Das Gilgamesch-Epos stammt aus dem babylonischen Raum. Es erzählt von den Heldentaten Gilgameschs und seiner Freundschaft mit dem von der Göttin Aruru erschaffenen menschenähnlichen Wesen Enkidu, thematisiert aber vor allem seine Suche nach Unsterblichkeit. Das Epos gilt als die erste Dichtung, welche die Loslösung von den Göttern, zugleich aber auch die Angst vor der Vergänglichkeit des Lebens thematisiert. Das Gilgamesch-Epos enthält zahlreiche Parallelen zur biblischen Überlieferung. So erinnert die Figur des biblischen Noah stark an den göttlich auserwählten Helden Utnapischtim. Im 1. Buch Mose, Kapitel 6 findet sich auch das Motiv von Engeln, die sich auf der Erde materialisiert haben und Beziehungen mit Menschenfrauen eingegangen sind.

Enuma Elisch

Übersetzt bedeutet Enumaelisch „Als oben (der Himmel noch nicht genannt war)". Es ist nicht nur der Name, sondern auch der Beginn des babylonischen Weltschöpfungsmythos und Lehrgedichts. Als Babylon innerhalb der Städte des Zweistromlandes eine Vormachtstellung einnahm, gewann die Stadtgottheit Marduk innerhalb des sumerisch-akkadischen Pantheons ebenfalls an Bedeutung. Dies wurde verdeutlicht, indem Marduk in den Weltschöpfungsmythos mit eingebunden wurde. Das Werk diente fortan zur ideologischen Untermauerung des babylonischen Herrschafts-anspruches. Im Mythos wird die embryonale Welt geschildert, wie die Erde geschaffen wurde. Hier sind Abzu („der Uranfängliche") und Tiamat („die sie alle gebar"; dargestellt als ein Seeungeheuer) die ersten Daseinsformen, lange vor der Schöpfung. Es entstehen mehrere Götter, über die jedoch außer den Namen nichts bekannt ist. Später werden Abzu und Tiamat in einem Götterkampf von den jungen Göttern der neuen Generationen gestürzt.

Antikes Griechenland

In der Theogonie (Geburt der Götter) des Hesiod (um 700 v.u. Z.) wird beschrieben, wie der Kosmos seinen Anfang nimmt mit dem Erscheinen von sechs Urgottheiten. Das sind Chaos, Gaia, Tartaros, Eros, Erebos und Nyx. Gaia gebiert aus sich selbst heraus Uranos, den Himmel, die Ourea, die Berge, und Pontos, das Meer. Mit Uranos gebiert sie die Titanen, die Vorfahren der Olympischen Götter und aus sich selbst das Menschengeschlecht. Platon sieht die Welt von einem Demiurgen (göttlicher „Handwerker") geschaffen. Aristoteles nimmt einen unbewegten Erstbeweger („primum movens") als Anfangspunkt jeder Bewegung an. Seit der Antike kreist die philosophische Diskussion besonders auch um die Frage der Schöpfung aus dem Nichts (creation ex nihilo). Demgegenüber steht die Aussage „Ex nihilo nihil fit" („Aus nichts entsteht nichts"), die zuerst beim Vorsokratiker Melissos auftaucht und von Aristoteles übernommen wurde.

Zoroastrismus

Im Zoroastrismus, der von Zarathustra gestifteten iranischen Religion, ist Ahura Mazda der Schöpfergott, der zuerst die geistige Welt (Menok) und dann die materielle Welt (Geti) erschaffen hat; er verkörpert die Macht des Lichts, ist Schöpfer und Erhalter der Welt und der Menschheit und ist der Gott der Fruchtbarkeit der Lebewesen. Das Lob des Gottes Ahura Mazda als Schöpfer der Welt ist in der Yasna, der wichtigsten Schrift der Avesta, bereits im ersten Vers des ersten Kapitels und durchgängig zu finden, darunter bereits in den ältesten, vermutlich auf Zarathustra selbst zurückgehenden Gastas. Im Buch Vendidad, welches zu den jüngeren Büchern der Avesta gezählt wird

(Entstehungszeit umstritten) sowie in der nochmals deutlich später (ca. 800 n. Chr.) auf mittelpersisch niedergeschriebenen, aber vermutlich auf älteren Überlieferungen fußenden Bundahischn wird die Schöpfung des guten Gottes Ahura Mazda (mittelpersisch: Ohrmazd) durch den Teufel Angra Mainyu (mittelpersisch: Ahriman) konkurrenziert, der viele Übel schuf. Ahura Mazda lässt ihn gewähren, legt aber eine Frist von 3000 Jahren fest, bis sie wirksam werden können, und eine Frist von weiteren 3000 Jahren, bis er das Werk des Teufels wieder vernichten lässt.

Zarathustras Lehren sind während der (viele Jahrzehnte dauernden) Beendigung des Babylonischen Exils, als der Staat Israel mit der Unterstützung Persiens neu gegründet wurde, auch in das Judentum eingeflossen. Speziell die Begriffe Himmel und Hölle waren im Judentum vorher unbekannt; Satan als Gegenspieler Gottes geht vermutlich auf Ahriman zurück, und Engel sind auch im Zoroastrismus bekannt. Sie werden dort Malakhim und Daeva genannt. Auch die in diese Zeit fallende Konkretisierung Endzeiterwartung geht wahrscheinlich auf die zoroastrische Lehre zurück, nach der Gott Ahura Mazda dem Teufel Ahriman nur eine Zeit von dreitausend Jahren zugesteht, sein Unwesen zu treiben, und verspricht, sein ursprünglich perfektes Reich danach wiederherzustellen.

Altes Testament

Die Bibel nennt Gott den Schöpfer. Beispiele: „Denn so spricht der HERR, der den Himmel geschaffen hat – er ist Gott; der die Erde bereitet und gemacht hat – er hat sie gegründet; er hat sie nicht geschaffen, dass sie leer sein soll, sondern sie bereitet, dass man auf ihr wohnen solle: Ich bin der HERR, und sonst keiner mehr." Jesaja 45,18

„siehe, er ist's, der die Berge macht und den Wind schafft; er zeigt dem Menschen, was er im Sinne hat. Er macht die Morgenröte und die Finsternis" Amos 4,13 Diese Vorstellung von einem Schöpfergott ist in den zwei ersten Kapiteln zu Beginn des Buches Genesis (griech. „Ursprung", „Entstehung") ausformuliert, die gemäß der Bibelkritik von verschiedenen Autoren aus verschiedenen Zeiten stammen. Die beiden Texte unterscheiden sich auch deutlich in ihrer sprachlichen Form. Der (jüngere) Text in Gen 1, 1 ff. kann als Hymnus beschrieben werden, während der Text in Gen 2,4b eine Erzählung ist. Das hebräische Wort bará´ und das griechische Wort ktízo, die beide „schaffen", „erschaffen" bedeuten, werden in der Bibel nicht nur im Sinne von Creatio ex nihilo verwendet, die als Konzept erstmals in 2 Makk 7,28 erscheint, sondern auch mit Bezug auf das schöpferische, mühelos ausgeführte Handeln Gottes, welches völlig Neues, bisher nicht Gewesenes hervorbringt, gebraucht. In verschiedenen Segenssprüchen, insbesondere beim Kiddusch am Sabbat, wird Gott als boré (Schöpfer) angesprochen.

Schöpfungstexte des Buches Genesis
Augenscheinlich liefert das 1. Buch Mose (Genesis) der Bibel zwei Schöpfungstexte. In Genesis 1,1–2,4a wird in stark formalisierter Sprache das Sechstagewerk beschrieben. Nach den meisten jüdischen Kommentatoren ist die Einleitung der Schöpfungs-geschichte als Temoralsatz zu verstehen: Als Gott begann, Himmel und Erde zu erschaffen, die Erde öd und wüst war und Finsternis auf der Fläche des Abgrundes ... da sprach Gott: Es werde Licht! Und es ward Licht. Am Anfang eines jeden Tages steht das Wort Gottes, gefolgt von der Bestätigung „und es geschah so". Gott betrachtet

sein „Tageswerk" und „sah, dass es gut war" (außer am zweiten Tag „und es rief Gott dem Gewölbe: Himmel und es wurde Abend und es wurde Morgen"). Am Vorabend des jeweiligen Tages wird aus „Abend und Morgen" der nächste Tag, mit kleinen formalen Unterschieden: im hebräischen Urtext steht beim ersten Mal nicht, wie in manchen Bibelübersetzungen, der erste Tag, sondern die Kardinalzahl ein Tag, und der abschließende sechste Tag wird durch den bestimmten Artikel hervorgehoben. Im ersten Kapitel der Genesis wird die Erschaffung des gesamten Universums beschrieben, der Mensch wird am sechsten Tag erschaffen. Ihm kommt eine besondere Bedeutung zu, da er als letztes Lebewesen und als ein Ebenbild Gottes geschaffen wurde.

Eine sehr ähnliche Schöpfungsgeschichte gab es in der ägyptischen Stadt Memphis: Der Gott Ptah, Gott der Handwerker und Baumeister, erschafft durch seine Zunge und sein Herz den Sonnengott Atum. Die memphilitische Theologie ist die früheste bekannte Theologie, die auf dem Prinzip des Logos beruht, der Schöpfung durch das Wort und die Rede. Auch die „Lehre für Meri-Ka-Re" enthält Ähnlichkeiten mit dem biblischen Schöpfungsmythos.

Direkt darauf (Genesis 2,4b–3,24 folgt die Erzählung von Adam und Eva im Paradies, sowie die Vertreibung aus dem Paradies. Gemeinsam ist beiden Texten, dass die Welt als Werk eines einzigen Gottes dargestellt wird (Monotheismus). Allerdings unterscheiden sich die beiden Texte deutlich im Ablauf des Geschehens: Während in Gen 1,1–2,4a der Mensch (als Mann und Frau) erst am Ende erschaffen wird, wird Adam in Gen 2,4bff am Anfang geschaffen. Bäume, Tiere und die Frau kommen erst später hinzu. Zwischen den beiden Schöpfungsmythen und dem babylonischen

Schöpfungsmythos Enuma Elisch gibt es auffallende Ähnlichkeiten. Die Übersetzung der Einleitung des Schöpfungsmythos als Temporalsatz in der Form Als ... da... findet Parallelen in den Einleitungssätzen mesopotamischer Epik. Thematische Bezüge zur Schöpfung des Weltalls finden sich in so trivialen Texten des Alltags, aber auch in so einem bedeutenden Werk wie der sumerischen Königsliste. Das hebräische Wort Tehom, im zweiten Satz von Genesis für den „Abgrund" verwendet, geht etymologisch auf denselben Ursprung wie die babylonische Göttin Tiamat zurück. Damit wird jedoch kein personifiziertes Wesen, sondern ein abstrakter Begriff bezeichnet. Im Gegensatz zum babylonischen Schöpfungsmythos enthalten die biblischen Schöpfungsmythen keine Beschreibung eines Götterkampfs und keinen Hinweis auf eine Existenz vor der Schöpfung. Dies ist wohl auch der Grund, weshalb in Genesis 1,21 die „großen Seeungeheuer" gesondert erwähnt werden – um zu betonen, dass auch sie von Gott erschaffen wurden. Gemäß der Mischna (Chagiga 2, 1) ist es verboten, zwei Personen in der Einleitung des 1. Buches Mose zu unterrichten, sofern diese Schüler nicht weise und fähig sind, den Stoff selbst zu verstehen. Das Studium der Schöpfungsgeschichte gehört folglich im Judentum zum esoterischen Bereich (hebr. sod – „Geheimnis"), das nur unter einschränkenden Bedingungen, beispielsweise erst ab einem gewissen Alter, möglich ist.

Schöpfung in den Sprüchen Salomos
Im Buch der Sprichwörter findet sich eine weitere Darstellung der Schöpfung. Die personifizierte Weisheit spricht dort: Spr 8,22–31: Der Herr hat mich geschaffen im Anfang seiner Wege, vor seinen Werken in der Urzeit;

in frühester Zeit wurde ich gebildet, am Anfang, beim Ursprung der Erde. Als die Urmeere noch nicht waren, wurde ich geboren, als es die Quellen noch nicht gab, die wasserreichen. Ehe die Berge eingesenkt wurden, vor den Hügeln wurde ich geboren. Noch hatte er die Erde nicht gemacht und die Fluren und alle Schollen des Festlands. Als er den Himmel baute, war ich dabei, als er den Erdkreis abmaß über den Wassern, als er droben die Wolken befestigte und Quellen strömen ließ aus dem Urmeer, als er dem Meer seine Satzung gab und die Wasser nicht seinen Befehl übertreten durften, als er die Fundamente der Erde abmaß, da war ich als geliebtes Kind bei ihm. Ich war seine Freude Tag für Tag und spielte vor ihm allezeit. Ich spielte auf seinem Erdenrund und meine Freude war es, bei den Menschen zu sein. Die personifizierte Weisheit, im Christentum als Sophia mit dem Heiliger Geist gleichgesetzt, spielt sowohl im Gnostizismus als auch in der Kabbala eine wichtige Rolle. Als eine der Emanationen des ursprünglichen alleinigen und nicht erkennbaren obersten Gottes hat sie dem materiellen menschlichen Geschöpf der weiteren göttlichen Erzählung, des Demiurgen Jaldabaoth, Geist und damit das ihn vom Tier Unterscheidende eingeblasen. Emanation von lateinisch emanatio „Ausfließen", „Ausfluss") ist ein Begriff der Philosophie und der Religionswissenschaft. Er bezeichnet in metaphysischen und kosmologischen Modellen das „Hervorgehen" von etwas aus seinem Ursprung, der es aus sich selbst hervorbringt. In der Kabbala ist Chochma (Weisheit) ebenfalls eine der göttlichen Emanationen, die hier Sephiroth genannt werden. Im kabbalistischen Lebensbaum steht die Weisheit unter Kether („Krone") an zweiter Stelle.

Christentum

Das Neue Testament übernimmt die alttestamentliche Vorstellung von Gott als Schöpfer, spricht jedoch zudem von der Menschwerdung Gottes in Christus. Der Schöpfer (der Vater) sowie Jesus Christus als Sohn Gottes offenbaren sich im Heiligen Geist, um in geistiger Form gegenwärtig zu sein. Im Prolog des Johannes-Evangeliums, einer Variation des Schöpfungsmythos aus der Genesis, wird der Logos mit Gott gleichgesetzt. Der Apostel Paulus schreibt über Jesus als Mitschöpfer im Kolosserbrief 1,15 folgende Worte: „Er ist das Bild des unsichtbaren Gottes, der erstgeborene Sohn des Vaters; er ist der Anfang der Schöpfung. Durch ihn ist alles geschaffen worden, was im Himmel und auf der Erde lebt, alles, was man sehen kann, und auch die unsichtbaren Mächte und Gewalten. Alles hat Gott durch ihn geschaffen, und in ihm findet alles sein letztes Ziel. Er war vor allem anderen da, und alle Dinge bestehen durch ihn. Er ist auch das Haupt des Leibes, und dieser Leib ist die Gemeinde. Er ist der Anfang der neuen Schöpfung, denn er ist der erste von allen Toten, der zu neuem Leben geboren wurde; in allem muß er der Erste sein." Im Glaubensbekenntnis wird Gott als „Schöpfer des Himmels und der Erde" (factor coeli et terrae) bezeichnet.

Islam

Im Koran finden sich in zahlreichen Abschnitten Zitate aus der Schöpfungsgeschichte der jüdisch-christlichen Tradition. Da aber im Koran nicht die Erzählung der Geschichte selbst im Vordergrund steht, sondern die Geschichte nur der Illustration der eigentlichen Botschaft dienen soll, erscheinen Einzelheiten in vielen Suren und wiederholen sich teilweise. Beispiele dafür sind Sure 21, 30–33; 32, 4–9; 41, 9–12; 7, 54; 10, 3. Quelle ist dabei zum Teil die biblische Schöpfungsgeschichte. So wird zum Beispiel auf das Sechstagewerk verwiesen – in Sure 7,54; 10, 3; 11, 7; 25, 59 und 32, 4. Aber auch Traditionen, die man nur in außerbiblischen jüdischen oder christlichen Schriften findet, werden im gesamten Koran zitiert; so findet sich z. B. die Geschichte über den Fall Satans in 38,73ff. in den außerbiblischen Schriften Leben Adams und Evas und Schatzhöhle, nicht aber in der Genesis überliefert sind. Einige wenige Stellen, z. B. 31,10, sind nicht in der christlichen oder jüdischen Tradition überliefert, könnten aber zur Zeit der Niederschrift des Korans den arabischen Christen ebenfalls bekannt gewesen sein. Mehrere Begriffe, die in der islamischen Theologie zu den 99 Namen Gottes gerechnet werden, bezeichnen Gott als Schöpfer. Dazu gehören die Begriffe al-Badī sowie al-Bāri, der auf das hebräische, in der Genesis verwendete Verb bārā zurückgeht. Im Koran wird der synonyme Begriff al-Chāliq über 200 Mal verwendet. Das entsprechende Verbalsubstantiv Chalq („Schöpfung") bezeichnet sowohl die göttliche Handlung als auch das Schöpfungswerk selbst.

Eine besondere Rolle spielte in der islamischen Geschichte die Frage, ob der Koran erschaffen und somit kritisierbar sei, wie dies die Mutaziliten vertraten, oder ob er als Kalam (Logos) von Anfang an in der Welt vorhanden gewesen sei. Zur Zeit der Herrschaft der Mutaziliten in Bagdad im frühen 9. Jahrhundert erreichte sie eine besondere Brisanz, als die Kadis mit inquisitorischen Mitteln (Mihna) darüber befragt wurden, ob sie an die Ewigkeit Gottes und an die Erschaffenheit des Korans glaubten.

Buddhismus

Die Texte des Theravada-Buddhismus (Pali-Kanon) kennen Gottheiten, die sich selbst als ungeborene, unvergängliche also ewige Schöpfer der Welt verstehen (Brahmas). Dort ist es dem Buddha Siddhartha Gautama und einigen seiner Anhänger auch möglich, mit diesen Gottheiten in Kontakt zu treten. Es wird jedoch deutlich, dass die Brahmas hinsichtlich ihrer Allmächtigkeit und Unvergänglichkeit einem Irrtum unterliegen. Vielmehr sei ihnen aufgrund ihrer sehr langen Lebensdauer die Erinnerung an ihren Ursprung verloren gegangen und auch gibt es Daseinsbereiche, die ihnen unzugänglich sind (siehe z. B. Brahmanimantaṇika Sutta, Majjhima Nikāya 49, Pali-Kanon). Die Vorstellung einer wie auch immer gearteten Schöpfung und die eines Schöpfers, sei es nun eine göttliche Wesenheit oder ein abstraktes Prinzip, wird im Buddhismus scheinbar ignoriert oder als nebensächlich behandelt. Buddha Siddhartha Gautama selbst begründete dieses damit, dass die Beschäftigung mit solchen unergründlichen Fragen im religiösen Leben letztlich keinen Erkenntnisgewinn bringt und er deshalb nichts darüber sagen werde. Neben einigen anderen Fragen (wie z. B. nach einer präzisen Darstellung der Wirkung von Karma) seien die Fragen nach Schöpfung und Herkunft des Lebens prinzipiell nicht sinnvoll oder vollständig zu beantworten und erzeugten lediglich Verwirrung bis hin zum Wahnsinn (siehe Acintita Sutta, Anguttara Nikāya 4.77, Pali-Kanon). Zur Verdeutlichung existiert ein bekanntes Gleichnis: Es schildert die Situation eines Mannes, der bei einem unerwarteten Attentat von einem vergifteten Pfeil getroffen wird. Der herbeigerufene Arzt fragt zunächst wer den Pfeil abgeschossen hat (vgl. Gottesbeweis), aus welcher Richtung der Pfeil kam (Herkunft der Welt), warum der

Schütze geschossen hat (aus welchem Grund wurde die Welt erschaffen, vgl. auch Theodizee) und so weiter. Aus buddhistischer Sicht liegt die Gefahr aber darin, dass über all diesen Fragen und Erklärungen das Herausziehen des Pfeils versäumt wird und der Angeschossene stirbt, bevor er sein Leben oder das Anderer retten kann (vgl. Cūḷamāluṅkya Sutta, Majjhima Nikāya 63, Pali-Kanon).

Weitere Schöpfungsmythen

Schöpfungsmythen gibt es seit Anbeginn der Menschheit auf sämtlichen Kontinenten. Hier eine Auswahl:

- Gylfaginning (nordische Mythologie)

- Izanagi und Izanami (japanische Mythologie

- Das gute Krokodil (Timoresischer Mythos)

- Pangu (chinesische Mythologie)

- Popol Vuh (Maya Mythologie)

- Rangi und Papa (Maori Mythologie)

- Germanische Schöpfungsgeschichten

- Philosophie und Theologie in Europa

Die bereits im Altertum vorliegenden Konzepte wirkten in Europas Geistesgeschichte weiter. Augustinus dachte an eine fortdauernde Schöpfung (creatio continua), später vertreten von Descartes und Spinoza. Schelling. verstand die Schöpfung als einen durch Gott in Gang gehaltenen sukzessiven Prozess. Thomas von Aquin lehrte das Hervorgehen alles Seienden aus einer ersten Ursache. Nikolaus von Kues deutete die Welt als eine Ausfaltung (explicatio) des Wesens Gottes. Im Zuge der Ausweitung naturwissenschaftlicher Erklärungsversuche auf Ursprungsfragen wurden diese naturwissenschaftlichen Zugänge im Rahmen der Theologie aufgegriffen. Im Spannungsfeld zwischen Evolutionstheorie und Kreationismus wurde auch über die Rolle eines Schöpfergottes nachgedacht, und die Vorstellung eines Urknalls am Beginn des Universums wurde mit einem Schöpfungsakt in Verbindung gebracht. Heute gibt es in diesen Diskussionen wieder Annäherungen der beiden Ansichten über die Entstehung der Welt, durch ein „sowohl als auch" und nicht mehr ein absolutes Festhalten an dem Prinzip „entweder oder", richtig oder falsch.

2.1 Die Geschichte von Adam und Eva

Am Anfang ist die Erde wüst und leer – es herrscht eine Tohuwabohu (Tohuwabohu ist Tohu und Bohu - ein wüstes Durcheinander, es ist noch nichts geordnet, es existieren keine Naturgesetze). Es gibt keine Pflanzen, keine Tiere, keine Menschen – nur Boden, auf dem noch kein Leben wächst. Doch dann steigt Feuchtigkeit auf und Gott bildet den Menschen aus der Erde (adama) und haucht ihm Lebensatem ein. Auf diese Weise wird der Mensch – noch nicht weiter spezifiziert – zu einem lebendigen Wesen. Hiernach pflanzt Gott einen Garten in Eden (d.h. im Osten) der getränkt wird von vier Wasserströmen. In dieses fruchtbare Gebiet setzt er den Menschen hinein, damit er ihn bebaue und bewahre. Also kein Schlaraffenland, in dem es nichts zu tun gäbe (das wäre auch eine furchtbare Vorstellung: auf ewig nichts tun zu müssen - arbeitslos bis in alle Ewigkeit) Nein, der Garten Eden ist ein fruchtbarer gut bewässerter Ort, an dem es keinen Mangel gibt, der nur noch bebaut und bewahrt werden muss.

Denken wir an die Lebenswelt der palästinensischen Bauern dieser Zeit, ist dieser Ort das Paradies. Der schönste Fleck Erde, dem der Bauer nicht erst Früchte abtrotzen und abringen muss, wo er auf Regen warten muss, da bei Dürre die Ernte verdorrt, sondern der Garten Eden ist ein sich bereits fruchtbarer Garten. Arbeit ist nicht mühevoll, sondern dem Leben stets wachsend, förderlich und fruchtbringend. Doch es gibt eine Regel: Die Regel besagt, dass der Mensch von allen Bäumen des Gartens essen darf – nur von dem Baum der Erkenntnis, der Erkenntnis von Gut und Böse darf er nicht essen, denn sonst stirbt der Mensch. Die Regel stellt also einen Schutz des Menschen dar. Hierbei drängst sich mir die Frage auf, wenn die Regel bereits seit Erschaffung der Welt bestand, setzt sie das Böse und den Regelbruch gewissermaßen voraus und beinhaltet ihn? Im nächsten Abschnitt wird berichtet, dass Gott dem Menschen ein Gegenüber schafft. „Und Gott sprach: *Es ist nicht gut, das der Mensch allein ist, ich will ihm ein Gegenüber machen, das zu ihm passt". Das ihm entspricht - so wie in einer Partnerschaft der eine den anderen ergänzt.* Der Mensch kann nicht für sich allein leben, er ist ein soziales Wesen und bedarf eines Gegenübers. Für dieses Gegenüber sorgt Gott.

Zunächst erschafft Gott die Tiere, er führt sie dem Menschen zu, damit er sie benenne. Dieser Akt des Benennens symbolisiert die Aufnahme der Tiere in die Welt des Menschen. Doch sie wurden und werden immer noch nicht als ein Gegenüber auf Augenhöhe angesehen. Sie sind Mitgeschöpfe des Menschen, sind wie er aus adama, aus Erdboden, gemacht, werden aber nicht ein adäquates Gegenüber beschrieben. Da nun entscheidet sich Gott für einen anderen Weg und formt aus der Rippe des Menschen einen weiteren Menschen – aus dem Menschen werden nun Mann und Frau. *„Und es waren die beiden, der Mensch und seine Frau nackt, aber sie schämten sich nicht".*

Dieses sich nicht schämen meint biblisch, sich in einer heilvollen Gemeinschaft zu befinden, in der es keine Störung gibt. Mann und Frau leben ohne Scham, sie leben in einer Gemeinschaft, in der es weder Scham vor sich selbst noch vor dem anderen gibt. Selbstbeziehung und Fremdbeziehung sind ausgewogen. Ohne Scham miteinander zu leben ist der paradiesische Urzustand, den Gott durch seinen Schöpfungsakt ermöglicht. Vor uns entsteht ein Bild vollendeter, ungestörter, ungeminderter und ewiger Gemeinschaft, die Gott dem Menschen und den Tieren und allem Leben gewährt. Dieses Bild steht im krassen Gegensatz zu der vorfindlichen Lebenswelt der damaligen und auch der heutigen Zeit: Kein Einklang mit der Natur, kein friedliches Miteinander von Mensch und Tier, geschweige denn von Mann und Frau, kein ewiges Leben auf Erden.

An dieser Realität hat sich bis heute nichts geändert. Die Zeiten des Paradieses sind vorbei, in weiter Ferne, unerreichbar. Dennoch es ist theologisch wichtig zu bemerken, dass das Nicht-Vorhandensein von Scham ein entscheidendes Qualitätsmerkmal des Paradieses ist. Nun wissen wir ja, dass diese Geschichte noch weitergegangen ist. Der nächste Textabschnitt befasst sich mit der Übertretung des Gebots: *„Von allen Bäumen dürft ihr essen, nicht aber vom Baum der Erkenntnis, damit ihr nicht sterbt".*

In der Erzählung übernimmt die Schlange die Aufgabe, Unruhestifterin zu sein. Sie ist als auslösendes Element ausgewählt die Übertretung des Gebots zu initiieren. Es kommt wie es kommen muss: Das Interesse an der verbotenen Frucht ist geweckt, die Frau beargwöhnt das Gebot Gottes und stellt die Förderlichkeit der Regel in Frage. *Sie nahm von der Frucht und aß und gab ihrem Mann und er aß.* Ausschlag gebend ist die „Lüge der Schlange" – „....wenn ihr davon esst, werdet ihr sein wie Gott". Der Mensch möchte wie Gott sein, am liebsten sich an seine Stelle setzen, (als zeitlose Erfahrung). Der Mensch weiß zwar um Gut und Böse, aber diese Tatsache kann im Alltag permanent das Gefühl und die Gedanken in ihm aufkommen lassen, überfordert zu sein. Sich immer entscheiden müssen, kann auch heißen, Lasst und Verantwortung zutragen. (Was ist Gut und Böse - Streit darum - Streit auf der Welt / in der Familie). Und er schämt sich seiner Nacktheit. Das offen sein, das ungeschämt sein, das nackt sein, wird als Scham und bedenkenswürdig erlebt. Wir zeigen uns heutzutage nicht wie wir sind, sondern geben uns durch Kleidung und Äußeres ein Image… Der Mensch entscheidet sich für den Weg der Selbstbestimmung und übernimmt selbst die Rolle desjenigen, der über Gut und Böse, über lebensfreundlich und lebensfeindlich entscheiden möchte. In der Erzählung wird die Reaktion auf diesen Akt der Selbstbestimmung so beschrieben: *„...und ihnen*

beiden wurden die Augen aufgetan und sie wurden
gewahr, das sie nackt waren und flochten Feigenblätter
zusammen und machten sich Schurze. Und sie hörten
Gott den Herrn wie er im Garten ging als der Tag kühl
geworden war. Und Adam versteckte sich mit seiner Frau
vor dem Angesicht Gottes unter den Bäumen des
Garten".

Die verbotene Frucht wirkt; aber die hohen Erwartungen,
die die Schlange geweckt hat, trügen. Die Augen der
Menschen werden zwar aufgetan, wie die Schlange
gesagt hat, aber die Menschen sehen sich nicht erhoben
an Gottes Stelle, sondern sie sehen sich, nur sich selbst
– nackt. In dieser Erkenntnis ihres Nacktseins ist schon
ein erster Akt autonomer Selbstbestimmung des Lebens
wirksam, denn was vorher noch ohne Wertung und
Reaktion blieb – *und sie schämten sich nicht"* - wird jetzt
gewertet. Sich zu bedecken und sich zu verstecken ist
Anzeichen dafür, dass der Mensch mitunter für sich nicht
das Lebensförderliche wählt, sondern das Abträgliche.
Mit der verhüllten Nacktheit – und so stehen diese beiden
Menschen ja jetzt vor uns – ist weit mehr als nur die
körperliche Verhüllung gemeint. Die Schurze, die die
Menschen sich anfertigen, kann ein Hinweis auf das
gesamte fragile Sein des Menschen sein.
Die Beziehung zu Gott ist nachhaltig gestört. Es beginnt
die Zeit des sich vor Gott-versteckens, der
Verschleierung und Maskierung. Gestört, getrennt ist
aber auch die Verbundenheit des Mannes mit der Frau,
aber innerlich in jedem Mann und in jeder Frau wird das
Weibliche beschämt, verleugnet, verteufelt und
bekämpft. Der Mensch erlebt sich selbst - in sich, als
getrennt von eigenen Anteilen und im Außen erlebt er
sich in einer getrennten, gebrochenen, zum Teil
verrohten Welt angekommen. Im Zuge dieser
Menschwerdung haben auch Scham und Schuld ihren
exponierten Platz. Beide gehören zum Menschsein. Sie
sind der Preis der Autonomie.

Neben der Scham wird in der Erzählung auch die Frage nach Schuld thematisiert. Die biblischen Autoren tun dies auf plastisch-bildliche Weise. Gott, der im Garten wandelt auf der Suche nach den sich nun versteckenden Menschen, verhört den Adam, als er ihn dann gefunden hat und will von ihm wissen, ob er vom Baum gegessen habe, da er nun wisse, dass er nackt sei. Adam nicht verlegen, weist auf die Frau, die ja Gott ihm schließlich an die Seite gab und diese wiederum verweist auf die Schlange, die an allem schuld sei. Die Vertreibung aus dem Paradies ist die Konsequenz all dieser Vergehen. Die Textpassage, die zur Vertreibung führt, beschreibt ein uns wohlbekanntes Phänomen. Das Phänomen: KEINER WARS. Nicht Adam, nicht Eva, sondern Gott und die Schlange. Wenn dieses Verhalten nun menschliche Autonomie und Selbstbestimmung sind, dann kann man zu der Auffassung kommen, dass die paradiesischen Zustände vorbei seien, und eine Umkehr unmöglich sei.

Dieser Erzählung, macht deutlich, wie schnell der Mensch in die Einsamkeit der Schuld geraten kann, wie schnell es geht, dass Vertrauen und schamfreies Miteinander zerstört werden können. Dies geschieht durch egoistisches, schamloses Verhalten, um über andere zu herrschen. Menschen werden - oder lassen sich heute allerorts binden durch Konsum, Angst, Geld-Schulden, von außen durch Systeme, Unternehmen etc. . Die meisten Menschen wollen, mehr Besitz, mehr Macht, als für ein freies, selbstbestimmtes, einfaches Leben nötig ist. Die Freiheit der Entscheidung in allen Handlungen erfordert sehr viel Bewusstheit und Empathie, ohne im Alltag sich und andere zu entwerten, zu belasten oder der Freiheit, Selbstbestimmtheit und Würde einzuschränken, oder zu entwerten, mit Gewalt zu Handlungen zu zwingen.

2.2 Was kann ich aus dieser Erzählung lernen?

Die Erzählung von Adam und Eva versucht zu erklären, warum es um den Menschen so bestellt ist, wie es in der Realität ist. Warum leben wir jenseits von Eden? Darauf gibt die Erzählung mehrere Fragen und Antworten:

1. Scham ist das erste Gefühl, dass der Mensch hat, nachdem er zwischen Gut und Böse unterscheiden kann, er sich seiner selbst bewusst ist.

2. Schuld und Scham, sind sie von Gott gewollt? Wahrscheinlich nicht, oder? Sie gehören nicht in die paradiesische Zeit.

3. Sind sie in die Welt gekommen, durch die Infragestellung Gottes als der, der entscheidet was für den Menschen gut und förderlich ist?

4. Schuld und Scham sind die Konsequenz aus der Selbstbestimmung und Freiheit des Menschen über Gutes und Böses selbst entscheiden zu wollen und zu können.

5. Scham und Schuld gehören zum Menschsein. Sind sie von Gott gegeben?

Die Schuld beinhaltet die Möglichkeit zur Umkehr, zur Vergebung durch unser Bewusstsein und unsere Freiheit und Selbstbestimmte Verantwortung, jeden Tag auf´s Neue sich zu entscheiden, sich und anderen zu vergeben, zu entschulden, sich und andere zu entlasten. Der Mensch ist in einer materialistischen, gespaltenen, gebrochenen Welt angekommen. Zu ihr gehören Schuld und Scham, genauso wie Schamlosigkeit als Elemente der Polaritäten Gut und Böse. Grundsätzlich reflektiert auch das Neue Testament ebenso wenig wie das Alte Testament nicht theoretisch über Schuld.

Die Evangelien scheinen davon auszugehen, dass der Mensch schuldig ist und dass jeder und jede der Umkehr und der Erlösung bedürfen. Grund für diese Schuld ist die Überheblichkeit des Menschen und seine Abkehr von Gott. Auch Jesus selbst hat keine Überlegungen zur Sünde oder Schuld im Allgemeinen angestellt, wohl aber hat er sich dem Menschen in seiner Schuld zugewandt und ihnen Vergebung zugesprochen. Schuld ist für ihn die Entfernung von Gott und den anderen Menschen. Die Folgen sind Einsamkeit, Bedrohung des Lebens, Angst, Isolation und das Angewiesensein auf Vergebung. Es sind eindringliche Geschichten in denen erzählt wird, wie Jesus sich gerade den schuldbeladenen Menschen zuwendet, mit ihnen Tischgemeinschaft teilt: mit den Zöllnern, den Huren, der Ehebrecherin – Menschen, die nach der Auffassung der damaligen und auch heutigen Zeit, Schuld auf sich geladen haben und als Sünder gelten. Weil Jesus für sie ist, weil Gott für sie ist, wird ihnen Vergebung zuteil und die Zusage, dass ein Neuanfang möglich ist. Dabei geht es nicht um Leugnung von Schuld, sondern um Annahme des Anderen mit seiner Schuld.

Das "Vater unser" ist das Gebet, welches Jesus an seine Jünger weitergeben hat und was bis heute in jedem christlichen Gottesdienst gebetet wird. Die Textsorte ist also eine ganz andere als die eben ausgelegte Geschichte von Adam und Eva, doch wird hier sehr präzise und nachdrücklich das Thema Schuld bearbeitet. *„Und vergib uns unsere Schuld(den), wie auch wir vergeben unseren Schuldigern".* (Mt. 6, 12) In Vers 14, heißt es: *„wenn ihr den Menschen ihre Verfehlungen vergebt, so wird euch euer himmlischer Vater auch vergeben".* Dieser Satz kann als deutlicher Appell an unsere Vergebungsbereitschaft gelesen werden.

2.3 Das Leben jenseits von Eden

Was kann man aus dieser kurzen Gebetssequenz ablesen?

1. Es geht darum Schuld zu benennen. Sie ist Teil des Lebens, sie soll weder verdrängt noch bagatellisiert, sondern bewusst gemacht werden auf der Gefühls- und Gedankenebene.

2. Schuld kann im Gebet vor Gott, im Gespräch mit Gott ausgesprochen werden. Es geht also nicht darum, besonders schuldlos oder fehlerlos zu sein, sondern die Möglichkeit dazu zu haben, jeden Tag neu, sich zu befreien aus dem alten Verständnis von Sünde, Schuld und Scham, welches uns von Seiten der Kirche, von Religion, Staat, Gerichtsbarkeit und gesetzlichen oder politischen Systemen und Medien zum Teil immer wieder bestärkt wird.

3. Gott kann darum gebeten werden, Schuld zu vergeben, d.h. ihm wird die Macht der Befreiung von Schuld zugesprochen. Der Mensch findet also ein Gegenüber für das Aussprechen seiner Schuld und damit vielleicht auch Wege seine Schuld anzusehen, sie zu bearbeiten und sich von ihr zu befreien und dann Gefühle wie Gnade und Erlösung im Dialog zu empfinden.

4. Auch Menschen können sich und anderen Schuld vergeben, doch spricht dieser Text von einer anderen Dimension: von Vergebung, die auch dann gewährt werden kann, wenn Menschen uns Vergebung versagen.

5. Die Vergebungsbereitschaft Gottes wird an unsere Bereitschaft zu vergeben verknüpft und gebunden. In der Weise, in der wir bereit sind, uns und anderen zu vergeben, wird auch uns vergeben werden und in einem selbst kann das Gefühl und die Gedanken aufsteigen, sich zu läutern, zu befreien und sich selbst und andere zu entlasten, zu entschuldigen.

2.4 Ein Fazit

Der Schlüssel liegt für mich im praktischen Üben und Tun, sich von Sünde, Schuld und Scham zu befreien durch Annahme, Empathie, Achtsamkeit, Bewusstsein und Loslassen in Gemeinschaft. Ich habe es mehrfach erlebt, dass durch ein aktives inneres Tätigsein, sich öffnen, opfern, ein Loslassen, von diesen als schwierig und kaum überwindbar erscheinenden Lebenswirklichkeiten möglich ist und zwar im Moment des Scheiterns.
Ein weiterer Weg liegt für mich im gemeinsamen Gebet und Gottesdienst in einer Gemeinschaft. Hier kann Befreiung von Sünde, Schuld und Scham auch geschehen.
Es gibt bei dieser Gebärde des Loslassens eine Art „Gegenüber", welches die Sünde, die Schuld und die Scham annimmt, diese verändern und verwandeln kann. Ein Gefühl von Entlastung, Befreiung, Entschuldung wird in diesem Zwischenraum und in einem selber spürbar. Ein neuer Weg kann sich auftun.

3.0 Das Gewissen

3.1 Das Gewissen im gesellschaftlichen Kontext

Im zweiten Teil möchte ich das Thema: Umgang mit Sünde, Scham und Schuld, um das Gewissen und die wiedergutmachende Gerechtigkeit erweitern.

Ein anderer Umgang mit Schuld und Vergebung, als er zum Großteil bisher gelebt wurde, kann neue Lebens- und Gesellschaftsperspektiven eröffnen. Dies kann eine Aufgabe jedes einzelnen Menschen und unserer Gesellschaft sein, und liegt nicht allein in der moralischen Instanz und Verantwortung der Religionen und Kirchen. „In der Wahrheit sind wir, wenn wir die Konflikte immer tiefer erleben. Das gute Gewissen ist eine Erfindung des Teufels", sagte Albert Schweitzer. Er hat sich mit dem Thema Schuld sehr radikal auseinandergesetzt. Schuld ist ihm etwas zutiefst Menschliches. Er formuliert die These: „Ich kann gar nicht unschuldig bleiben als Mensch".

Der Mensch ist das einzige Wesen, das überhaupt die Frage nach Gut und Böse stellt, stellen muss, um sich in der Welt zu orientieren. Als solcher ist der Mensch im Unterschied zu andern Lebewesen schuldfähig. Der Mensch kann in seiner Freiheit auch das Böse tun. Er kann nicht unschuldig bleiben, weil er im Leben zwangs- läufig mit andern in Konflikte kommt, in denen er andere verletzt. Es gibt kein Leben, das nicht auch auf Kosten anderer lebte. Bei einem Spaziergang zertrete ich tausendfach Leben unter meinen Füßen. Ich dränge andere beiseite, um einen Platz zu bekommen, auf der Straße, in der Liebe, im Beruf. Dem kann ich nicht ausweichen, wenn ich selber leben will. Dass wir nicht anders können, das spricht uns aber nicht frei. Schweitzer sieht selbst in den unausweichlichen Zwängen des Tötens noch eine Schuld. Das macht seine ethischen Überlegungen für mich so schwer erträglich, aber auch so wahr. „In der Wahrheit sind wir, wenn die Konflikte immer tiefer erleben. Das gute Gewissen ist eine Erfindung des Teufels." Das gute Gewissen ist ein sehr begehrtes Gut. In unserem ganz normalen Alltag tun wir vieles aus der Motivation heraus, ein gutes Gewissen haben zu wollen.

Ich habe im Rahmen von Jugendbegegnungsreisen Friedenarbeit in Israel gemacht, weil ich nicht noch einmal schuldig werden wollte, wie mein Großvater. Oder: Umweltschutz – das bin ich der Welt, unseren Nachkommen und Enkeln schuldig, davon war ich überzeugt. Ich wollte, was nicht in Ordnung war, wieder gut machen.

Ich wollte nicht schuld daran sein, dass jemand traurig ist, benachteiligt, diskriminiert oder verletzt.Das gute Gewissen ist ein sehr begehrtes Gut. Es ist eine Erfindung des Teufels, sagt Schweitzer. Warum? Weil das Nicht-schuldig-sein-wollen immer und immer wieder schreckliche Teufelskreise ausgelöst hat, Teufelskreise, die dazu führen können, dass immer mehr Schuld aufgehäuft wird, bis am Ende unausweichliches Unheil geschieht. Es geschieht Unrecht zwischen Menschen, immer wieder. Das ist die Realität, in der wir leben. Es gibt Verfehlungen zwischen Menschen. Es gibt tragische Situationen, in denen wir tun, was wir nicht wollen. In diesen Fällen gibt es eine Schuld, die genommen, ergriffen werden kann und muss.

Jemand muss die Schuld auf sich nehmen, damit kein Teufelskreis entsteht. Wenn die, die dafür verantwortlich sind, die Schuld nicht nehmen, sondern abschieben, auf andere schieben, dann werden sie damit zu Verfolgern. Ihre Schuld verdoppelt sich. Sie werden taub gegenüber ihrer eigenen Schuld – das Unheil nimmt seinen Lauf.

Im Erleben von Schuld kann sich der Respekt vor anderem Leben manifestieren.

Die Schuld zeigt an, dass ich eine Grenze überschritten habe. Ohne Schuldgefühl gibt es kein Ende der Gewalt.

In der Kreuzigungsgeschichte nimmt Jesus Schuld auf sich und durchbricht damit den Teufelskreis. Schuld ist ein Kernthema des christlichen Glaubens. Der Umgang mit Schuld ist auch ein Kernthema menschlichen Lebens. Und der Ursprung von Religion ist das Schuldgefühl – so sagt es zum Beispiel Sigmund Freud.

3.2 Der religiöse Blick auf das Gewissen

Ich will im Folgenden einen religiösen Blick, besonders auf das Abendmahl werfen. Wie wird das Thema heute aufgenommen? Es fällt mir auf, dass das, was als Sünde (Verfehlung zwischen Gott und Mensch) und was als Schuld (Verfehlung zwischen Menschen) gilt, nicht zu allen Zeiten gleich ist. In der modernen Kultur sind manche der einstigen Todsünden zu Tugenden geworden: Völlerei heißt Gaumenfreude, Unkeuschheit heißt Sinnlichkeit und Sex, Habgier heißt Luxus und Hoffart wird Selbst-sicherheit genannt. Dass wir gegen unser Gewissen, unser eigenes Selbst, gegen andere und auch gegen christliche Gottes Gebote handeln, ist nicht mehr im Blick. Es geht um selbstbestimmtes, ichbezogenes, individuelles Leben, um Glück, um Erfolg. Im christlichen Glauben können die Sünden und Tugenden nebeneinander gestellt werden:

1. Superbia - Hochmut (Stolz, Eitelkeit, Übermut)

2. Avaritia - Geiz (Habgier)

3. Luxuria - Wollust (Ausschweifung, Genusssucht, Begehren)

4. Ira - Zorn (Wut, Rachsucht)

5. Gula - Völlerei (Gefräßigkeit, Maßlosigkeit, Selbstsucht)

6. Invidia - Neid (Eifersucht, Missgunst)

7. Acedia - Faulheit (Feigheit, Ignoranz, Trägheit des Herzens)

Damit eine Sünde als schwer zu beurteilen ist, muss sie, laut katholischer Kirche drei Voraussetzungen erfüllen:

1.) Sie muss eine schwerwiegende Materie, insbesondere einen Verstoß gegen die zehn Gebote zum Gegenstand haben; traditionell werden Ehebruch, Mord oder Apostasie (= Glaubensabfall) genannt.

2.) Der Sünder muss die Todsünde „mit vollem Bewusstsein" begehen, die Schwere der Sünde also bereits vorher erkennen.

3.) Die Sünde muss „mit bedachter Zustimmung" (also aus freiem Willen) begangen werden.

Dem gegenüber stehen die Tugenden in der Siebenzahl:

1. Prudentia - Weisheit oder Klugheit

2. Justitia – Gerechtigkeit

3. Fortitudo - Tapferkeit

4. Temperantia - Mäßigung

5. Fides - Glaube

6. Spes - Hoffnung

7. Caritas - Liebe

Die Sünden und Tugenden tauchen hierbei in etwas abgewandelter Form in allen Kulturen und Religionen auf (Judentum, Buddhismus, Islam etc.).

3.3 Gegenwärtige Schuld und das Gewissen

Was Schuld heißt, wandelt sich: Tierquälerei wird nur dort als eine Schuld angesehen, wo Tiere nicht als Sachen betrachtet werden, sondern als beseelte Wesen. Ähnliches gilt für eheliche Gewalt gegen Frauen in Gegenden, wo Frauen Besitz des Mannes sind. Im Übergang es Scheidungsrechtes vom Schuld- zum Zerrüttungsprinzip spiegelt sich die Auffassung, dass nicht nur eine/r Schuld sein kann, sondern dass beide an einem Auseinanderleben beteiligt sind.

Wenn ich das Thema der Schuld gegenwärtig und gesamtgesellschaftlich betrachte und nicht nur als Vorgang in menschlichen Beziehungen, dann haben wir es bei dem Ausmaß an globaler Vernetzung und Unüberschaubarkeit, mit einem Ausmaß an Schuld gegenüber Menschen, Völkern und Natur zu tun, das nicht mehr genau zugeordnet und eigentlich nicht mehr getragen werden kann. Wenn ich heute Rosen kaufe, trage ich dazu bei, dass Menschen in Afrika ihr Land, von dem sie lebten, verloren haben. Wenn ich eine Jeans kaufe, habe ich damit zu tun, das auf den Philippinen oder in China, Frauen unter unerträglichen Bedingungen Klamotten herstellen. Wenn ich Auto fahre, trage ich dazu bei, dass das Klima sich verändert.

Eugen Drewermann spricht von Gefühl anonymer Unverantwortlichkeit: "Ein eigentliches Schuldgefühl mit klaren moralischen Inhalten und den Voraussetzungen der Freiheit und Verantwortung kann nicht mehr aufkommen...Geblieben ist das dumpfe Gefühl der Angst, der Unbehaglichkeit, ja, des Selbsthasses, verbunden mit einer aussichtslosen Ohnmacht... Die Schuldgefühle sind ebenso anonym wie die Existenz selbst. Niemand hat Schuld, trotzdem weiß jeder, dass seine Existenzweise nicht zu rechtfertigen ist." Es gibt heute eine große klaffende Schere zwischen der Angst vor dem Schuldigwerden, einer Art Unschuldswahn einerseits und einer ungeheuren kollektiven Schuld andererseits. Niemand kann sich mehr raus halten aus schuldhaften Verstrickungen. Ohne etwas aktiv zu tun, sind wir dennoch beteiligt, und zwar, ob wir wollen oder nicht. Wir sind in Schuldgeschichten verstrickt. Wir tragen mit an der Schuld, die Generationen vor uns auf sich geladen haben, z.B. gegenüber jüdischen Menschen während des zweiten Weltkrieges. Hannah Arendt und Günther Anders haben in Bezug auf diese Geschichte von einer neuen Kategorie von Schuld gesprochen, der organisierten bzw. der maschinellen Schuld, die bei den Tätern gar kein Schuldgefühl ausgelöst hat, weil die gesellschaftlichen Umstände ihre Handlungen nicht als Schuld ansahen und sie sich selbst als verantwortliche Personen ausgelöscht hatten. In dem Buch „Am Beispiel meines Bruders" erzählt Uwe Timm die Schuldgeschichte, in die er selbst verstrickt ist. Der eigene Bruder hat sich freiwillig zur Waffen SS gemeldet. Warum?

Uwe Timm forscht in der Familiengeschichte und kann es nicht begreifen. Schuld nimmt für ihn den Charakter eines Verhängnisses an. Menschen werden schuldig, obwohl sie nichts dafür können. Sie geraten in Situationen, die sie nicht gewählt haben und die sie zu Schuldigen machen. Uwe Timm stößt bei seiner Suche auf die autoritären Ideale seiner Vätergeneration, auf den Gehorsam, auf den mangelnden Mut, auf sich allein gestellt zu handeln. Am Ende begegnet ihm ein Zitat von Sören Kierkegaard: „Es kommt darauf an, dass es einer wagt, ganz er selbst, ein einzelner Mensch, dieser bestimmte einzelne Mensch zu sein; allein vor Gott, allein in dieser ungeheuren Anstrengung und mit dieser ungeheuren Verantwortung.

Uwe Timm findet in der Feldpost seines Bruders letztlich kein Schuldbewusstsein. Beim Vater findet er es ansatzweise nach dem Krieg, doch immer verbunden mit dem Versuch, die Schuld zu relativieren und auf andere zu schieben.

Philip Roth schreibt in seinem Buch, „Der menschliche Makel", in dem eben dies, was Kierkegaard sagt, nicht möglich ist. Wir sind nicht im Kontakt mit uns selbst, wir trauen uns nicht, allein zu stehen, wir verlieren uns selbst und einander. „Der menschliche Makel ist dies, dass wir nicht vollkommen sind und im Entwurf unseres Lebens uns immer tiefer in die Fehlentwicklungen der menschlichen Freiheit verstricken." Wir haben ein schlechtes Verhältnis zu uns selbst, wir stehen unter dem Zwang von Ansprüchen und Verhältnissen. Wir möchten der Schuld ausweichen und sind doch verwickelt in Geschichten, die längst unentrinnbare Zusammenhänge von Unrecht und Gewalt und Schuld und Versagen geschaffen haben.

In diesen Kontexten findet die kirchliche Sündenpredigt vergangener Zeiten keine Resonanz mehr. Diese Moralpredigt kommt auf den Punkt in einem weiteren Film „ Wie im Himmel": Ein Chor bringt ein schwedisches Dort im Wallung, weil Menschen, angeregt durch einen neuen Chorleiter, aus Lust und reiner Freude singen, zu sich selbst kommen und eine ganz besondere Gemeinschaft werden. Der Pastor der Gemeinde fühlt sich davon bedroht: Er kennt nur die Sünde, keine Erlösung. Seine Sündenmoral deckt das tatsächliche Unrecht, das in dem Dorf geschieht, nicht auf, sondern zu. Und seine Frau wirft ihm bei einem Streit entgegen: „ Ich glaube nicht, dass es die Sünde gibt.

Die Sünde ist eine Erfindung der Kirche, damit sie Absolution erteilen und über die Gläubigen herrschen kann." Wirkliche Veränderung geschieht in dem Film ganz anders: Sie geschieht über die vorbehaltlose liebevolle und respektvolle Zuwendung des Chorleiters, die in den einzelnen ungeheure Potentiale, Lebensfreude, Liebe weckt. Wie im Himmel eben. Friedrich Nietzsche hat es ähnlich gesehen wie die Frau des Pastors: Die Sündenpredigt ist eine Erfindung der Priester zur Herrschaft über die Menschen. Ihren

Höhepunkt erreichte dieser düstere Teil der Kirchengeschichte bei den Hexenverfolgungen: Das, was damals als Sünde galt, wurde auf die Frauen geworfen und in ihnen ausgerottet. Gut stand da, wer ohne Sünde war.

Mir klingt sofort im Ohr, was Jesus über die Ehebrecherin sagte: „Wer von Euch ohne Sünde ist, der werfe den ersten Stein". Soweit hatte sich diese Kirche von Jesus entfernt. Allerdings: Die Nachwirkungen dieser Sündenpredigt sind noch heute spürbar. Es gib in Reaktion darauf kirchlicherseits Versuche, sich davon abzusetzen: Der Gottesdienst soll fröhlich sein, das Schuldbekenntnis fällt weg, Gott ist nur noch der „liebe" Gott. Bei einem evangelischen Gottesdienst ist mir aufgefallen, dass das Wort Schuld nicht mehr benutzt wurde, sondern nur noch von Verantwortung gesprochen wurde, weil nicht in das Fahrwasser der Sündenpredigt der menschenverachtenden kirchlichen Tradition mit der Inquisition, Hexenverfolgung und Kreuzzüge eingetaucht werden soll.

Verstehen kann ich das. Aber ich finde, es ist keine nachhaltige Lösung. Verantwortung liegt zwar sehr nah an der Schuld, aber die drückende Last wirklicher Schuld ist damit nicht angemessen bezeichnet.

Es gibt sie aber in der modernen Welt, es gibt sie allerdings ohne Bezug auf Gott. Aus dieser tragischen Situation führt uns die Rede vom nur immer lieben Gott nicht heraus. Ich denke, es ist eine zentrale Aufgabe der Religionen und Kirchen, Schuld auf eine Weise zur Sprache zu bringen, die die Abgründe, in die uns Schulderfahrungen werfen, erzählen kann und die dennoch von Vergebung weiß. Im Sinne konkreter Hilfe zur Selbsthilfe als gleichwertiger Berater und Begleiter auf Augenhöhe so, kann der Teufelskreis aus Schuldvermeidung und vermehrter Schuld durchbrochen werden. Eine neue Form des Dialoges ist denke ich zeitgemäß, offen, berührend, aufklärend, wohlwollend, ohne Besserwisserei. Die Voraussetzung dafür ist die offene, empathische und akzeptierende Grundhaltung in der Auseinandersetzung mit eigener und fremder Schuld, die wir zu tragen haben - eine große Herausforderung! Das Sakrament des Abendmahls kann als Unterstützung neu verstanden werden, in dem wir versuchen, es neu zu verstehen. Eine weitere Möglichkeit ist das Sakrament der Beichte und Seelsorgegespräch, welches eine Hilfe im Umgang mit den eigenen Schattenseiten sein kann.

3.4 Der psychoanalytische Blick auf das Gewissen

Ein Stück solcher Aufklärung geschieht durch die Unterscheidung von Schuld und Schuldgefühl einerseits und von angemessenen und neurotischen Schuldgefühlen andererseits. Die Kirche hat mit ihrer Sündenpredigt Menschen Schuldgefühle gemacht für Taten oder Gedanken oder Unterlassungen, die sie gar nicht getan hatten oder die niemandem weh getan haben. Aber diese Schuldgefühle fühlten sich sehr real an. Menschen identifizieren sich unter Umständen mit dem, was ihnen angelastet wird. Das bringt sie dazu, sich schlecht zu fühlen, sich zu unterwerfen. Die Kirche als Institution hat damit Macht ausgeübt. Das ist weitgehend vorbei. Aber ich weiß vor allem von Frauen, dass in ihrem Inneren die Entwertung der Sexualität, die Umkehrung von weiblicher Kraft und eigenem Wollen in Minderwertigkeit und Schuldgefühl ohne dahinter liegende Schuld noch längst nicht überwunden ist. So etwas steckt einem in den Knochen. Frauen tragen individuell noch immer an einer Last, die sie jahrhundertelang bedrückt hat. Systemisch und psychoanalytisch betrachtet kann gar nicht von einer isolierten Sünde oder Schuld gesprochen werden. Es geht vielmehr um ein komplexes zwischenmenschliches Geschehen in einer Gemeinschaft samt seiner inneren Dynamik von Schuldigwerden und Versöhnung, von Opfer- und Täterschaft. Schuld ist etwas zwischen den Menschen.
Wenn ich versuche, das Abstrakte näher zu fassen, gibt es eine subjektive Seite einer Verfehlung, die eine Minderung des Selbstwert-gefühls nach sich zieht. Schuldgefühl und Selbstwertgefühl, aufrechter Gang, hängen eng miteinander zusammen.
Wie kommen Menschen im Laufe ihrer Entwicklung überhaupt dazu, Schuld empfinden zu können? Denn das tun sie ja nicht von Anfang an. Oder wie kommt es dazu, dass sie nicht schuldfähig werden. Der Säugling wird

getrieben von grundlegenden Kräften, die er miteinander austarieren muss: Dem Hunger nach Liebe und dem nach Selbst-erhaltung, den Abhängigkeitsbedürfnissen und den Unabhängigkeits-Bestrebungen. Diese divergierenden Kräfte bringen ihn ständig in Konflikte mit sich selbst und seiner Umwelt. Und weil er noch wenig für sich selbst tun kann, wird er furchtbar wütend, ohnmächtig wütend, verzweifelt oder panisch, wenn seine Wünsche nicht erfüllt werden. Das Wegsein der Mutter wird wie eine Vernichtung erlebt.

Mit der Hilflosigkeit korrespondiert eine ungeheure Rücksichtslosigkeit, und das Kind ist nur in dem Sinne unschuldig, dass es noch keine Kriterien für die Beurteilung seines Verhaltens hat. Der Glaube an eine sinnvolle Ordnung der Welt entwickelt sich in zwischen-menschlichen Beziehungen. Dabei wird die Mutter als eine Art Container benutzt, die alles aufnimmt und verwandelt und zurückgibt, was das Kind noch nicht ertragen und selber aushalten kann, etwa seine ungehaltene Wut. Die Unterstützung, eine hinreichend einfühlsame und antwortende Mitwelt kann dem Kind das Gefühl vermitteln: „Es ist gut, dass du da bist, so, wie du bist". Dieses Gefühl führt zu einem Selbstwertgefühl, zu einem Gefühl der Anerkennung und Selbstachtung. Wenn Eltern ihrem Kind dagegen unbewusst vorwerfen, dass sie da sind, dann kann das zu unerklärlichen Schuldgefühlen bei dem Kind führen (du bist schuld, dass ich nicht mehr arbeiten kann). Wenn auf die furchtbaren Ängste und Aggressionen, die Kleinkinder immer wieder erleben, nicht eingegangen wird, entwickelt sich das Gefühl: Wenn ich böse bin, dann werde ich auch böse gefunden und abgelehnt. Ich bin falsch, ich bin nicht gut, und daraus entsteht ein fundamentales Schamgefühl, das allem weiteren Erleben seine Färbung verleiht. Daraus werden angepasste Menschen, die sich selbst nie gefunden haben. Was als gut und was als böse gilt, konstelliert, wirkt und äußert sich also in der Beziehung.

Aus den Beziehungserfahrungen heraus entwickelt sich als schöpferischer Prozess eine innere Welt, eine subjektive Konstruktion der Wirklichkeit. Die Erfahrungen werden sozusagen zu Bauelementen der Psyche. Im Innern eines jeden Menschen gibt es die Welt außerhalb noch einmal, und jede dieser inneren Welten ist anders. Wer sich selbst aufgrund solcher Erfahrungen schlecht fühlt, sich selbst hasst, kann andere nicht lieben und hat eine grundlegende seelische Instabilität, die dazu führen kann, sich für alles Mögliche schuldig zu fühlen, Schuldgefühle auf sich zu ziehen, also neurotische Schuldgefühle zu entwickeln. So ein Mensch ist kaum in der Lage, Schuld zu (er)tragen.

Und angemessene Schuldgefühle? Konflikte sind nicht vermeidbar. Die Mutter ist begrenzt und muss dem Kind Enttäuschungen zumuten, und das führt im Inneren des Kindes zu dem Konflikt zwischen seiner Aggression auf die enttäusche Mutter und seiner Angst, sie zu zerstören und damit verlieren. Es fürchtet auch die Rache der Mutter. Ein kleines Wesen voller Wut und Angst, die größer sind als es selbst. Diese Aggressionen müssen geformt werden durch Grenzsetzungen, und diese Grenzsetzungen werden mit in das Innere aufgenommen. So entsteht eine Selbststeuerung, die Möglichkeit, Gefühle selbst zu formen anstatt sich überfluten zu lassen. Die wichtigste Erfahrung ist, dass die Mutter die Zerstörungswut des Kindes überlebt, dass sie aushält und dass sie dem Kind die Möglichkeit gibt, etwas wieder gut zu machen. Die Mutter nimmt sozusagen das Opfer an. Ein Kind muss empfangen und geben können. So kann es lernen, Verantwortung für die eigenen Gefühle zu übernehmen, Ambivalenz zu ertragen, das eigene „Böse" zu integrieren in die Gesamtpersönlichkeit. Aus dem Vertrauen in den wohltätigen Zyklus von Vernichtung und Wiederher-stellung wächst langsam die Fähigkeit des Kindes zur Besorgnis, dem Vorläufer des reifen Schuldgefühls und dem zentralen Bestandteil eines authentischen Gewissens, das nicht nur von Anpassung und Gehorsam geleitet ist. Erfahrungen eigener Wirkmächtigkeit helfen dazu, Ohnmacht besser auszuhalten und damit die Wut zu formen und zu verkleinern. Sie verstärken das Selbstwert-gefühl. Der Glanz im Auge der Mutter führt zu Sicherheit und Stolz und Neugier.

Wenn dem Kind die Erfahrung, dass es selber etwas will und dass das gut ist und dass es selber etwas kann und dass das auch gut ist (Eltern, die dem Kind alles abnehmen oder überängstlich sind), nicht gestattet wird, dann gründet sich von Anfang an das Gefühl, es sei nicht gut, für die eigenen Belange einzutreten. Immer wenn sich ein Wunsch in ihnen regt, fühlen sie sich schuldig. Solche irrationalen Schuldgefühle, die vor allem bei Mädchen anzutreffen sind, stellen ein soziales Bindemittel dar: Wer sich schuldig fühlt, tut alles für den andern. Es kommt zu einem zwanghaften Liebsein müssen.

Zur Entstehung von Schuldfähigkeit trägt auch die Bildung des Gewissens bei. Wenn die erfahrenen Normen und die Autorität schließlich durch die Aufrichtung des Über-Ichs verinnerlicht wird, entsteht Schuld als ein innerseelisches Phänomen, als Spannung zwischen Ich und Über-Ich, als innerer Konflikt. Das entsprechende Schuldgefühl hat eine regulative Funktion, nämlich eine Nichtübereinstimmung zwischen meinen unterschiedlichen inneren Stimmen anzuzeigen. Das ist ein angemessenes Schuldgefühl.

Wenn das Über-Ich dagegen zu stark, wenn es grausam wird und einen quält mit Ansprüchen und Entwertungen, dann kann das Ich sich buchstäblich nicht aufrichten und neigt zu neurotischen Schuldgefühlen. Dieser Mensch tut nur aus Angst Gutes. Damit haben viele Menschen in der Kirche Erfahrung. Sowohl eine sehr strenge wie auch eine Laissez-faire Erziehung können zu einem sadistischen Über-Ich führen. Kinder brauchen Grenzen und müssen verstehen „können", sonst wenden sich die Aggressionen gegen das eigene Selbst. Eine Gnadenlosigkeit auch andern gegenüber ist die Folge. Ein eigener Mensch sein, Ja- und Nein- sagen- können, Widersprechen- können setzt eine Barmherzigkeit sich selbst gegenüber voraus, die zu einem Zutrauen in die eigene Person führt. Auf dieser Basis gibt es ein Maß an Freiheit, das auch so etwas wie Zivilcourage ermöglicht. Thomas Auchter nennt 3 Phänomene pathologischer Schuld.

1. Das über-gewissenhafte Gewissen, das mit ständigen Schuldgefühlen einhergeht, ohne dass es eine schuldhafte Handlung gibt. Das Strafbedürfnis wird manchmal durch strafbare Handlungen befriedigt.

2. Das Watergate-Syndrom: Das Über-Ich wird bestochen. Perfektionisten und Fanatiker begehen um hehrer Ziele willen unvorstellbare Grausamkeiten. Es besteht eine absolute Intoleranz gegenüber Hilflosigkeit, Trennung, Angst und Depression.

3. Schamabwehr durch schuldhaftes Handeln. (Scham bezieht sich eigentlich auf eigenes Versagen, Schuld auf eine Handlung, eine anderen gegenüber andere, Scham ist früher und elementarer als Schuld, Schuld ist mit Schamgefühlen verbunden).

Der Modus der reifen Moral ist dagegen die Fähigkeit, Schuld empfinden und ertragen zu können. Das Über-Ich bleibt nicht bestimmend, sondern das Ich sagt, wo es lang geht. Es ist die vermittelnde Instanz bei inneren Konflikten.

Ich kann mich von meinen eigenen Normen auch distanzieren. Ich habe ein persönliches Gefühl für Recht und Unrecht entwickelt. Ich habe meine Aggressionen integriert, so dass ich mein eigenes Böses nicht auf andere projizieren muss. Ich kann Unsicherheit, Enttäuschungen und Begrenzungen ertragen und bin hinreichend einverstanden mit mir. Ich kann in persönlicher Weise auf Ereignisse antworten, d.h. ich kann Verantwortung übernehmen für die Folgen meines Tuns. Ich kann Kompromisse eingehen, manchmal aber auch eindeutige Entscheidungen fällen.

Dies alles zusammengenommen ist vielleicht ein unrealistischer Zustand seelischer Gesundheit: Das Ertragenkönnen des Unvermeidlichen und ein aktives Meisternkönnen gestaltbarer Herausforderungen, aus denen eine Gelassenheit erwächst. So man kann sich im Leben vielleicht darauf zu bewegen. In diesem Sinne sind allerdings die meisten Delinquenten nicht schuldfähig, und das Schuldbekenntnis fördert nur ihr Schamgefühl. Deshalb sind sie aber nicht unschuldig. Unschuld gibt es nicht.

Wenn Schuldigwerden unausweichlich ist, dann gibt es so wie bei der Trauer auch einen Prozess, der das angerichtete Ungleichgewicht wieder ausgleicht. Unbewältigte Schulderfahrungen drohen sich zu wiederholen; Erinnern und Durcharbeiten unterbricht den Wiederholungszwang.

Der Schulddialog, den ich mit mir selber und, wenn möglich, mit demjenigen führe, dem ich etwas angetan habe, hat 3 Schritte.

1. die Anerkennung der Schuld,
2. die Vergebung, die durch den andern erfolgt,
3. das Verzeihen, das ich mir selbst gegenüber vollziehen muss.

Wenn ein Täter sich weigert, seine Schuld anzuerkennen, zwingt er das Opfer dazu, sich allein aus der Verstrickung herauszuwinden. Das Verlassen der Opferrolle, die von Rache- und Vergeltungsphantasien begleitet ist, ist schwerste Arbeit. Ich bin noch nicht frei, solange ich diese Phantasien habe. Aber ich kann auch nicht vergeben, wenn ich nicht gehasst habe. Vorschnelle Versöhnungs-Ideologien überspringen etwas. Es muss zwischen Tätern und Opfern etwas geschehen, der Bruch muss geheilt, der Schaden ausgeglichen werden, verletzte Gefühle gestillt werden.

3.5 Schuldgefühle und Religion

Das Schuldgefühl ist der Ursprung der Religion. Religion ist eine Art, Schuld zwischen Menschen zu bewältigen. Darüber schreibt der Literaturwissenschaftler Rene Girard und verletzt damit ein Tabu:

Das Heilige gibt es nach Girard nicht unabhängig von Gewalthandlungen; es geht sozusagen aus ihnen hervor. Gewalt ist eine alltägliche Erscheinung unter Menschen. Gewalt gebiert Gewalt. Sie hört nicht von alleine auf. In der Erwiderung von Gewalt liegt die Gefahr des Untergangs aller. Ihr muss also ein Ende gesetzt werden. Ein endgültiger Gewaltakt wäre nötig, der keine Gegenreaktion mehr hervorruft, eine Vernichtung oder – ein Opfer.

Man identifiziert einen Sündenbock, auf den man die Schuld für das Unheil wirft. Gegen ihn können sich alle gemeinsam verbünden; auf ihn richtet sich jetzt der Zorn, er wird zum Opfer gemacht, getötet, vertrieben und mit ihm das, was die Gemeinschaft bedrohte und was sie auf ihn geladen hatte.

Auf diese Weise spendet das Opfer der Gemeinschaft Heil. Durch seine Ausstoßung stellt er den Frieden wieder her. So wird aus dem verfluchten Sacer wird ein heiliger Sacer. Ihm werden nun Opfer gebracht, um ihn zu besänftigen. Archaische Götter und sakralisierte Opfer. Den archaischen Göttern wurden zur Wiedergutmachung Opfer gebracht (Unterscheidung von victim - trägt das destruktive Potential - und sacrifice - Heilmittel), und der Gehorsam ihnen gegenüber speist sich aus dem Schuldgefühl.

Im ersten Testament steht der Gott zum ersten Mal in der Geschichte der Religionen auf der Seite der Opfer. Im zweiten Testament wird Gott selbst in der Person Jesu geopfert. Der Sündenbock-Mechanismus wird in der Kreuzigungsgeschichte in seiner ganzen Tragweite aufgeklärt. Es ist eine menschliche Geschichte, in der

Gott Platz nimmt. Hier ist ein aufklärerischer, bewusster Umgang mit Gewalt und mit dem Heiligen vorgezeichnet: Der Sündenbock löst das Gewaltproblem nicht. Die Menschen sind gefordert, einen anderen Umgang mit Enttäuschung, Wut, Neid zu finden als den der Projektion. Wenn wir uns selber fragen; „Warum lasse ich etwas zu?", und nicht immer weiter Gott nach dem „Warum?" allein zu befragen. Jesus sagt auf dem Weg nach Gethsemane zu den weinenden Frauen am Straßenrand: „Weint nicht über mich. Weint über Euch und über Eure Kinder." (Lukas 23, 28.).

Die moderne Gesellschaft scheint verständnislos zu sein, wenn es um den sakralen Schrecken geht, um den Zusammenhang zwischen dem Heiligen und der Gewalt. Das Opfer wird häufig verharmlost in Begriffe, wie Gabe. Damit wird aber die wirkliche Gewalt ausgeklammert, vom Heiligen getrennt und damit nicht mehr symbolisch bearbeitet.

Eine zentrale symbolische Bearbeitung von Gewalt- und Schulderfahrung ist das christliche Abendmahl. Das Abendmahl stellt bestimmte Grundkonflikte menschlicher Existenz symbolisch dar. Es erinnert an eine Geschichte eskalierender Gewalt und ihrer Begrenzung. Es können symbolisch Aggressivität, Tötungswünsche einerseits und andererseits Schuldgefühle, Wiedergutmachungswünsche und Vergebung zum Ausdruck kommen. Es geht also um die Bearbeitung von Ambivalenzen. In diesem Fall geht es um die Grundkonflikte: Gemeinschaft – Autonomie, Rivalität, Aggression, Destruktivität, Gewalt – Liebe, Schuld – Vergebung.

Der Gottesdienst, das Abendmahl, feiern kann von den Beteiligten erlebt, durchlebt werden. Hier kann ich an eigene Wunden erinnert werden, an eigene mehr oder weniger gelöste Konflikte. Bestimmte Bilder und Symbole können intrapsychische Erlebnisse und ihre Spuren, die konflikthaft sind, wieder aufleben lassen. Problematisch dabei ist nicht die Erinnerung an Schuld, sondern die mögliche Aktualisierung von neurotischen Schuldgefühlen. Allerdings können auch sie im Abendmahl gelindert werden.

Das Abendmahl wird immer noch von vielen Menschen als etwas sehr Beklemmendes, Todernstes, Starres und Isoliertes empfunden. Hier spielen Gewalt, Aggressivität und Schuld meist keine Rolle. Die Darstellung von Schuldgefühlen wird gefürchtet und abgewehrt, und zugleich gesucht und gebraucht.

Besonders schwierig, eine gute Form dafür zu finden, macht es die Sühne-Opferlehre, die ja eigentlich keinen Anhaltspunkt in der Bibel hat, die aber als Form der Volksfrömmigkeit in viele Lieder eingezogen ist. Da wird ein Vatergott, der Sühne fordert besungen. Das ist eigentlich ein Rückfall hinter die Erkenntnis, dass Gott identifiziert war mit dem Gekreuzigten Jesus Christus. Beim Opfer kann vom Selbstopfer Gottes auf dem Hintergrund einer trinitarischen Vorstellung gesprochen werden.

Noch heute wird Gott als ein Behälter für eigene sadistische Phantasien bzw. masochistische Wünsche, je nachdem benutzt. Die Schuld für den Tod Jesu wird in dieser Vorstellung auf Gott geschoben, der Genugtuung braucht für unsere Verfehlungen. Opferbereitschaft wird gefordert. Jesus als Vorbild etwa für die Frau, die den prügelnden Ehemann geduldig ertragen soll? Da sind wir wieder bei der repressiven Funktion der Religion. Da werden eigene Wünsche und Gefühle geopfert, um dem Gott oder dem Priester/ Pfarrer Genüge zu tun. Solche Vorstellungen können nur dann eine Wirksamkeit entfalten, wenn es Bereitschaften in Personen dafür gibt, resultierend aus früheren verinnerlichten Beziehungserfahrungen. Die Verknüpfung zwischen dem einen und dem anderen geschieht aber in der Regel nicht bewusst. Der Sühne-Opfergedanke ist nur ein Interpretationshorizont für das Abendmahl. Dass Jesus ein Opfer gewesen ist, wird im Neuen Testament schon erzählt. Allerdings nimmt er diesen Weg freiwillig auf sich. Er gibt sich hin, die Schuld zu übernehmen.

3.6 Wege im Umgang mit dem Gewissen

Die Aufnahme, Annahme, Inkorporation in das Heilige kann als der Sinn dieses stellvertretenden Opfers empfunden werden, dass wir beim Aufnehmen von Brot und Wein aufnehmen, inkorporieren und dass uns als Substanz zur Veränderung, Verwandlung dienen kann. Die Inkorporation ist eine Form der Identifikation. Insofern kann das Abendmahl auch ein Vereinigungsmahl, eine Form der gegenseitigen Durchdringung sein. Opfern, Loslassen - und aus der geistigen Welt ebenfalls ein Opfer, eine Annahme und ein Frieden schenken und erlösen – das habe ich als eine Wechselbewegung zwischen mir und dem Göttlichen öfters wahrnehmen dürfen.

Es gibt heute vielerorts an der Bibel, am Alten Testament und am Feiern des Abendmahles eine deutliche Kritik, auch am Opfern. Meines Erachtens ist ein aufgeklärter, bewusster, fühlender Umgang mit dem Abendmahl und seiner Tradition hilfreich.

Das Abendmahl scheint nicht mehr selbstverständlich zu sein. Und es bedeutet nicht für alle das gleiche. Man kann und soll darüber sprechen. Erst im Gespräch kann ich immer wieder neu verstehen lernen, eine Annäherung und Aufklärung in mir wachsen lassen, ein neues Bewusstsein erlangen. Die symbolischen Substanzen von Brot (Leib und Bekenntnis) und Wein (Blut und Glaube) können einer Erneuerung des Glaubens und Friedens dienlich sein.

Im Blick auf mich selbst tauchen dabei Fragen auf, wie: Kann ich einen Zusammenhang zwischen mir und dem Abendmahl und meiner Lebensgeschichte entdecken? Wie ist das bei anderen Menschen und in anderen Gemeinschaften? Es ist nicht zu verleugnen, dass viele Menschen durch das Abendmahl auch einen inneren Frieden erleben, der ohne Gott vielleicht nicht zu haben ist. Da ist jemand, der uns aushält, der aushält, dass wir

ihn vergessen, bekämpfen, verleugnen. Der wendet sich uns zu, unbeeindruckt von dem, was wir getan haben, obwohl er das alles sieht und weiß. Da muss ich nicht mehr wegrennen vor der Schuld. Da kann ich sie auf mich nehmen und ihm übergeben. Ich kann Verantwortung übernehmen für mich selbst und die eigenen Taten. Da kann ich Konflikte riskieren und richtig böse werden und muss nicht immer nur gut sein. Denn gerade das Gut-sein-wollen kann ja zu Bösem führen, wenn ich vor dem Bösen die Augen verschließe. Der Versuch, es zu vermeiden, bringt das Ungewollte, das Verachtete gerade hervor. Da sind wir wieder bei dem oben angesprochenen Teufelskreis. Nicht die Entschuldigung,
sondern die Rechtfertigung durch Gott kann etwas Erlösendes sein, in diesem Zusammenhang. Verfügen wir über uns selbst und über andere? Sind wir von Gott gemacht? Sind wir vollkommen? Wie können wir uns als gewollt, angenommen, verstanden und geliebt fühlen im inneren Dialog mit uns und Gott?
Für Luther war das Kreuz der Ort der Selbst- und der Gotteserkenntnis. Luther hatte keine Angst vor der Schuld. Er wird als ein mutiger und lebensfroher Mann beschrieben. Er soll ja einmal gesagt haben: „peccate fortiter", dass heißt „Sündige tapfer". Sündigen wird von uns Menschen als Akt der Befreiung und Widerstand gegen Moral, Traditionen und Authorität wahrgenommen und genutzt, nur leider auch zum Schaden anderer. Eine Form von ethisch-moralischem Gewissen, welches auf Empathie und Nächstenliebe begründet ist, neben dem rein auf rationaler Verstandesebene für mein Verständnis ein Weg in die Zukunft und nicht das Ende der Religion.

4.0 Kants Gerechtigkeit und die Freiheit aller

Immanuel Kant (1724 – 1804) gilt als einer der bedeutendsten Philosophen europäischer Geschichte, zum einen wegen seiner kritischen Erkenntnistheorie und zum anderen weil er die bis dahin vorherrschende Moralphilosophie oder philosophische Ethik auf eine völlig neue Grundlage gestellt hat. Die politische Philosophie stand nicht im Zentrum von Kants Denken, aber dieser leistet doch wesentliche Beiträge dazu. Sein Spätwerk „Metaphysik der Sitten" von 1797 enthält im ersten Teil, den Metaphysischen Anfangsgründen der Rechtslehre, eine ausgearbeitete Theorie der Entstehung und Begründung des Rechts, eine Theorie des Eigentums sowie Grundsätze des Staatsrechts. Ebenfalls in diesem Buch sowie in seinen beiden Traktaten Ideen einer allgemeinen Geschichte in weltbürgerlicher Absicht (1784) und „Zum ewigen Frieden" (1795) hat sich Kant mit dem Thema des Weltfriedens beschäftigt und der Politik Anregungen gegeben, deren wahre Bedeutung erst im 20. Jahrhundert, nach den Schrecken der beiden Weltkriege, erkannt und gewürdigt worden ist. Kant kann, was seine politische Philosophie betrifft, dem klassischen Liberalismus zugerechnet werden – allerdings mit der Einschränkung, dass die Institution des Privateigentums in seinem Denken keine solch zentrale Rolle spielt, wie für Locke und Hume. Mit den Liberalen teilte Kant aber jedenfalls die Position des normativen Individualismus und die Überzeugung, dass die Legitimation der Rechtsordnung und des Staatswesens in nichts anderem bestehen kann als in der Gewährleistung der individuellen Freiheit. Kant bereicherte darüber hinaus die liberale Gerechtigkeitsphilosophie um wesentliche Gesichtspunkte.

4.1 Kants Trennung von Recht und Moral

Ein wichtiger Gedanke, den Kant in die politische Philosophie eingeführt hat, ist die klare Unterscheidung zwischen staatlichem Recht und privater Moral. Mit der Trennung von Recht und Moral und damit auch zwischen öffentlicher Sphäre und Privatsphäre hat Kant ein sehr wesentliches Prinzip des Liberalismus und damit die Grundvoraussetzung einer freiheitlichen Staatsordnung formuliert. Um Kants Trennung von Recht und Moral zu verstehen, muss man einen Blick auf seine Moral-philosophie werfen, die er im Wesentlichen in der Grundlegung zur Metaphysik der Soziale Gerechtigkeit in der Geschichte der politischen Ideen Sitten (1785) und der Kritik der praktischen Vernunft (1788) formuliert hat. In aller Kürze und schlagwortartig kann man ihren Kern in vier Punkten zusammenfassen:

1. Pflichtethik
Das moralisch Gute besteht weder in irgendwelchen wertvollen Gütern (z. B. dem gesellschaftlich Nützlichen, dem Glück oder der Lebenserfüllung) noch im Streben nach solchen Gütern noch – wie Hume annahm – in wohlwollenden Empfindungen gegenüber an deren Menschen (wie Respekt, Mitleid oder Liebe) oder in der Entwicklung bestimmter Tugenden, sondern ausschließlich in der Pflichterfüllung um ihrer selbst willen.

2. Prinzip der »Autonomie
Moralisches Handeln besteht nicht im Gehorsam gegenüber irgendwelchen Geboten, sondern in der Unterwerfung unter ein Gesetz, das sich der Handelnde in seiner Eigenschaft als freies Vernunftwesen selbst

gegeben hat. Diese »Selbstgesetzgebung der Vernunft« steht über allen Autoritäten und sogar über dem Gehorsam gegenüber den Geboten Gottes. Aus dem Autonomieprinzip folgt auch, dass wir uns in unserem Handeln nicht von unseren sinnlichen Bedürfnissen, unseren Gefühlen, dem Verlangen nach Glück oder der Wertschätzung für irgendwelche Güter leiten lassen dürfen, denn dies wäre nichts anderes als eine Form der Fremdbestimmung.

3. Formale Ethik

Worin unsere moralische Pflicht besteht und wie wir handeln sollen, lässt sich nicht inhaltlich bestimmen. Entscheidend ist lediglich, ob unser Handeln einer allgemeingültigen Rechtsordnung entsprechen würde. Kant hat dies in der Kritik der praktischen Vernunft durch den berühmten kategorischen Imperativ zum Ausdruck gebracht: „Handle so, dass die Maxime [d. h. der handlungsleitende Grundsatz, T. E.] deines Willens jederzeit zugleich als Prinzip einer allgemeinen Gesetzgebung gelten könne." (Kant 1977, Bd. 7, S. 140) Es kommt somit darauf an, ob wir wollen können, dass der Gesetzgeber das, was wir tun, als allgemeines Gesetz für alle Gesellschaftsmitglieder vorschreibt. Weil es also bei der Moral ausschließlich auf die formale Verallgemeinerungsfähigkeit und die mögliche Gesetzesförmigkeit unseres Handels ankommt, spricht man auch von „formaler" Ethik. Kant war der Auffassung, dass aus diesem zunächst nur formalen Grundsatz die konkreten Inhalte moralischer Gebote und Verbote abgeleitet werden können, und er versuchte auch, dies im Detail zu tun.

4. Intentionalistische Ethik

Beim moralischen Handeln kommt es einzig und allein auf die gute Absicht des Handelnden und nicht auf die Folgen des Handelns an. In der Grundlegung zur Metaphysik der Sitten wird das Grundprinzip der intentionalistischen Ethik so formuliert: „Es ist überall nichts in der Welt, ja überhaupt auch außer derselben zu denken möglich, was ohne Einschränkung für gut könnte gehalten werden, als allein ein guter Wille." (Kant 1977, Bd. 7, S. 18). Deshalb kann man die kantische Ethik auch als „Gesinnungsethik" bezeichnen. Ihre zwingende Konsequenz, die Kant auch akzeptierte, ist, dass moralische Gebote und Verbote bedingungslos befolgt werden müssen, und zwar auch wenn daraus im konkreten Einzelfall schlechte Folgen entstehen könnten. Aus diesen vier Prinzipien – Pflichtethik, Autonomie-prinzip, Formalismus und Intentionalismus – entwickelte Kant Moralvorstellungen, die zwar durch logische Stringenz und durch ein gewisses Pathos der Erhaben-heit beeindrucken, denen aber auch äußerste Strenge und Starrheit, um nicht zu sagen Prinzipienreiterei, Gefühlskälte und Lebensfeindlichkeit anhaften.

Ein berühmtes – oder auch berüchtigtes – Beispiel dafür ist Kants Beharren auf der Überzeugung, Lügen sei in jedem Fall schweres moralisches Unrecht, selbst dann wenn dadurch zu Unrecht Verfolgte vor Mördern gerettet würden. Ein ähnlicher Rigorismus spricht auch aus seiner These, dass es für die moralische Bewertung einer Handlung nicht nur auf das pflichtgemäße Handeln ankomme, sondern auch auf das „Handeln aus Pflicht": Damit eine Handlung moralisch gut sei, genüge es nicht, dass sie der Pflicht entspricht, sondern sie dürfe aus keinem andern Motiv heraus geschehen als ausschließlich um der Pflichterfüllung als solcher willen.

Anderen Menschen Gutes zu tun, dürfe nicht aus innerem Bedürfnis und anderen Menschen zuliebe geschehen, sondern nur um der Pflicht willen. Deshalb stünde ein misanthropischer und missgünstiger Mensch, der sich gleichwohl aus Pflichtbewusstsein heraus und sozusagen gegen seine innere Natur zur Wohltätigkeit zwingt, moralisch höher als ein Menschenfreund, der bereits aus gefühlsmäßiger Neigung freiwillig und aus vollem Herzen anderen hilft. In der Grundlegung zur Metaphysik der Sitten wird dies folgendermaßen beschrieben: „Wohltätig sein, wo man kann, ist Pflicht, und überdem gibt es manche so teilnehmend gestimmte Seelen, dass sie, auch ohne einen andern Bewegungsgrund der Eitelkeit, oder des Eigennutzes, ein inneres Vergnügen daran finden, Freude um sich zu verbreiten, und die sich an der Zufriedenheit anderer, sofern sie ihr Werk ist, ergötzen können. Aber ich behaupte, dass in solchem Falle dergleichen Handlung, so pflichtmäßig, so liebenswürdig sie auch ist, dennoch keinen wahren sittlichen Wert habe, sondern mit andern Neigungen zu gleichen Paaren gehe, z. E. der Neigung nach Ehre, die, wenn Soziale Gerechtigkeit in der Geschichte der politischen Ideen sie glücklicherweise auf das trifft, was in der Tat gemeinnützig und pflichtmäßig, mithin ehrenwert ist, Lob und Aufmunterung, aber nicht Hochschätzung verdient; denn der Maxime fehlt der sittliche Gehalt, nämlich solche Handlungen nicht aus Neigung, sondern aus Pflicht zu tun." (Kant 1977, Bd. 7, S. 23).

Hätte Kant die Prinzipien seiner Ethik auch auf die politische und gesellschaftliche Ordnung angewendet, dann wäre er vielleicht zu ähnlich radikalen politischen Konsequenzen gekommen, wie wir sie bei Jean-Jacques Rousseau gesehen haben. Rousseau hatte wenige

Jahrzehnte zuvor in seinem Contrat social das Bild eines Gemeinwesens entworfen, das auf der Tugendhaftigkeit seiner Bürgerinnen und Bürger und auf ihrer unbedingten Bereitschaft beruht, ihre Eigeninteressen dem Allgemeinwohl unterzuordnen. Kant schlug indessen einen anderen Weg ein und trennte Moral und Recht strikt. Damit zog er letztlich nur die Konsequenz aus der Tatsache, dass die moralischen Maßstäbe, die er an das Verhalten der Individuen anlegte, viel zu anspruchsvoll waren, um auf den Staat und die Gesellschaft im Ganzen übertragen werden zu können. Kant argumentierte folgendermaßen: Bei jeder Norm oder Pflicht ist zweierlei im Spiel: Einerseits der Inhalt der Pflicht, d. h. diejenige Handlung, die geboten oder auch verboten sein soll, und andererseits das Motiv (Kant spricht von „Triebfeder"), aus dem heraus ich diese Pflicht erfülle und die Gebote oder Verbote befolge. Dementsprechend müssen wir zwei Arten von Gesetzen und Pflichten sorgfältig auseinanderhalten:

1. „Ethische", „sittliche" oder „innere" Gesetze und Pflichten. Sie verlangen nicht nur, dass die Gebote oder Verbote befolgt werden, sondern auch, dass dies auch aus einem bestimmten Motiv heraus geschieht, und zwar allein wegen der Pflichterfüllung um ihrer selbst willen. Die sittliche Pflicht verlangt, wie bereits gesagt wurde, nicht nur das „pflichtgemäße Handeln", sondern auch das „Handeln aus Pflicht".

2. „Juridische", „rechtliche" oder „äußere" Gesetze und Pflichten. Sie zielen ausschließlich auf die Befolgung der Gebote und Verbote, d. h. auf die Inhalte der Pflicht, ohne dabei eine bestimmte Motivation zur Pflicht zu machen. Die vom Staat festgesetzten Steuern zu zahlen,

ist z. B. sowohl eine sittliche als auch eine rechtliche Pflicht. Zur Erfüllung der sittlichen Pflicht genügt es nicht nur, dass ich die Steuern zahle, sondern ich muss sie zahlen, weil ich meine Pflicht als Staatsbürger erfüllen will. Der Rechtspflicht hingegen tue ich auch dann in vollem Umfang Genüge, wenn ich zwar die Steuern lieber hinterziehen würde, es aber aus Angst vor Entdeckung und Strafe unterlasse. Den Unterschied zwischen Legalität und Moralität hat Kant in der Metaphysik der Sitten wie folgt beschrieben: „Man nennt die bloße Übereinstimmung oder Nichtübereinstimmung einer Handlung mit dem Gesetze, ohne Rücksicht auf die Triebfede derselben, die Lregalität (Gesetzmäßigkeit); diejenige aber, in welcher die Idee der Pflicht aus dem Gesetze zugleich die Triebfeder der Handlung ist, die Moralität (Sittlichkeit) derselben." (Kant 1977, Bd. 8, S. 324).

Der Unterschied zwischen Recht und Moral liegt also im Motiv. Wir sehen übrigens an dieser Stelle, dass Kant sorgfältig differenziert hat

• zwischen dem Inhalt der Normen einerseits (also dem, was die Normen im Allgemeinen vorschreiben) und

• dem Motiv des Handelns andererseits (sprich den psychischen Prozessen, die uns im Einzelfall veranlassen, die Normen zu befolgen oder auch nicht zu befolgen).

Durch diese klare Unterscheidung zwischen dem Inhalt der Normen und dem Motiv des Handelns vermied Kant die Begriffsverwirrung, in die Hume in seiner Moralphilosophie geraten war. Bei der Frage nach der gerechten Ordnung von Staat und Gesellschaft geht es es ausschließlich um die rechtlichen, nicht die sittlichen Gesetze bzw. Pflichten. Aus diesem Grund hat die Rechtsordnung nichts mit der Gesinnung oder Überzeugung der Bürgerinnen und Bürger zu tun und auch nichts mit ihren Tugenden oder ihrer Bereitschaft, sich für das Gemeinwohl einzusetzen und ihre Privatinteressen dem Allgemeininteresse unterzuordnen. Weil es bei der Legalität immer nur um das „äußere" Verhalten geht, ist das Recht notwendig mit der Möglichkeit des Zwangs verbunden. Das Zwangsrecht liegt im Normalfall beim Staat; wenn es aber keinen Staat gibt, hat das Individuum als Inhaber des Rechts die Befugnis zur Selbstjustiz. Ganz anders verhält es sich mit der Moral. So wie Kant sie begriff, bezieht sie sich auf die innere Einstellung und besteht in dem auf das Gute, d. h. auf die Pflichterfüllung als Selbstzweck gerichteten Willen: Anders als das Recht kann daher die Moral ihrem Wesen nach niemals erzwungen werden.

Man darf Kants Unterscheidung zwischen Recht und Moral nicht in der Weise missverstehen, als ginge es hier um das Verhältnis von staatlich gesetztem „positivem Recht" einerseits und überpositivem »Naturrecht« andererseits. Die Trennlinie verläuft vielmehr zwischen der öffentlichen und der privaten Sphäre. Was Kant unter „Recht" versteht, umfasst den gesamten Bereich der Ordnung des menschlichen Zusammenlebens, also sowohl das positive Recht als auch das Naturrecht. Daher gibt es, wovon gleich die Rede sein wird, für Kant »Recht« auch im „Naturzustand", d. h. auch dann, wenn es (noch) keinen Staat und keine staatlichen Gesetze gibt. Im Unterschied zum Recht geht es bei der Moral um die individuellen sittlichen Entscheidungen, also um die Privatsphäre. Selbstverständlich überschneiden sich Recht und Moral inhaltlich, denn vieles – aber nicht alles

– was moralisch geboten oder verboten ist, ist auch rechtlich geboten oder verboten und umgekehrt. Das Verhältnis von Recht und Moral bei Kant Recht Moral (Ethik) Gegenstand der Gesetzgebung Ordnung des menschlichen Zusammenlebens (öffentliche Sphäre) Sittliche Entscheidung des Einzelnen (Privatsphäre) Art der Gesetzgebung „Äußere" Gesetzgebung „Innere" Gesetzgebung Anforderung an eine Handlung Überein-stimmung der Handlung mit dem Gesetz Anforderung an das Handlungsmotiv („Triebfeder"). Das Motiv der Handlung ist beliebig und von entscheidender Bedeutung. Rechtliches Handeln ist immer mit der Möglichkeit des Zwangs verbunden. Die Zwangs befugnis liegt

• im „rechtlichen Zustand" beim Staat

• im „Naturzustand" beim Inhaber des Rechts (dem Individuum) (Selbstjustiz).

Moralisches Handeln ist prinzipiell nicht erzwingbar (weil es auf das Motiv ankommt). Dass es in einer freiheitlichen Gesellschaft eine Trennung von staatlichem Recht und privater Moral geben muss, erscheint uns heute als Selbstverständlichkeit. Für uns ist klar, dass Staat und Allgemeinheit nicht das Recht beanspruchen dürfen, sich um die Gesinnung der Bürgerinnen und Bürger zu kümmern und ihnen besondere Tugenden abzuverlangen. Aber das wurde und wird keineswegs immer so gesehen. Die antiken und mittelalterlichen Theoretiker waren z. B. ganz im Gegenteil davon überzeugt, dass die Gerechtigkeit im Staat und in der Gesellschaft im Wesentlichen von der individuellen Gerechtigkeit und von den Tugenden der Bürgerinnen und Bürger abhängt. Erst mit dem Paradigmenwechsel der Frühen Neuzeit begann man, sich von dieser Vorstellung abzuwenden und zwischen den Rechten und Pflichten der Individuen in der Gesellschaft einerseits und ihren persönlichen Tugenden andererseits zu unterscheiden. Diese Trennung ist eine der wesentlichen bis heute fortwirkenden Errungenschaften des Liberalismus. Wir finden sie bereits bei den älteren Vertragstheoretikern wie Hobbes oder Locke, aber die theoretische Begründung dafür hat erst Kant erbracht. Es bleibt indes anzumerken, dass nicht alle modernen Gerechtigkeitstheoretiker Kant in dieser Hinsicht gefolgt sind. Dazu gehören Rousseau , Hegel und andere Vertreter des modernen „Kommunitarismus". Sie knüpfen an die Tugendethik von Aristoteles an und unterscheiden sich damit von der liberalen Tradition.

4.2 Kants Definition von Recht und Gerechtigkeit

Auf dem Hintergrund der klaren Abgrenzung von Recht und Moral ist auch die Definition zu verstehen, die Kant in der Metaphysik der Sitten für den Begriff des Rechts – und wir können auch sagen für den Begriff der Gerechtigkeit – entwickelt hat: „Das Recht ist also der Inbegriff der Bedingungen, unter denen die Willkür des einen mit der Willkür des anderen nach einem allgemeinen Gesetze der Freiheit vereinigt werden kann." (Kant 1977, Bd. 8, S. 337). Daraus ergibt sich das „allgemeine Rechtsgesetz": „Handle äußerlich so, dass der freie Gebrauch deiner Willkür mit der Freiheit von jedermann nach einem allgemeinen Gesetze zusammen bestehen könne." (Ebd., S. 338) Der Zusatz „äußerlich" bedeutet, dass es nicht auf die innere Gesinnung ankommt, aus welcher heraus die rechtlichen Gebote und Verbote befolgt werden. Die Worte „nach einem allgemeinen Gesetze" bringen zum Ausdruck, dass die Regeln, nach denen die Freiheitsrechte der Individuen miteinander in Einklang gebracht werden, für alle gleichermaßen und unterschiedslos gelten müssen. Wollen wir die Bedeutung von Kants »allgemeinem Rechtsgesetz« verstehen, so müssen wir zwei Ebenen unterscheiden:

1. Die formale Seite oder die Frage nach dem Geltungsgrund des Rechts: Was ist es, das dem Recht seine Autorität verleiht? Was ist es, das uns verpflichtet, der Rechtsordnung Folge zu leisten?

2. 2. Die inhaltliche Seite oder die Frage nach dem Inhalt des Rechts. Beim ersten Aspekt, bei der

Frage nach dem Geltungsgrund des Rechts, unterscheidet sich Kants Position sehr deutlich von der seiner liberalen Vorgänger:

Locke hatte sich mit dieser Frage nicht weiter auseinandergesetzt; für ihn war selbstverständlich, dass das Recht durch die Natur und somit in letzter Instanz von Gott vorgegeben ist und dass es durch den Gesellschaftsvertrag lediglich bekräftigt und gesichert wird.

Hume hingegen meinte, dass das Recht eine Erfindung der Menschen zum gegenseitigen Vorteil sei. Der Geltungsgrund des Rechts– also das, was uns dazu veranlasst, ihm zu folgen – lag für ihn in den angenehmen moralischen Empfindungen, die wir verspüren, wenn wir die Rechtsordnung befolgen. Für Kant hingegen war das Recht ein Postulat der praktischen Vernunft, d. h. sozusagen eine Forderung, welche die Vernunft aus sich selbst heraus hervorbringt und die keiner Legitimation durch eine höhere Instanz oder der Motivation durch moralische Empfindungen bedarf. Was den zweiten Aspekt, den Inhalt des Rechts betrifft, hat Kant mit der Definition des Rechts als Vereinbarkeit der Freiheit aller, das klassische Gerechtigkeitsparadigma des Liberalismus zum Ausdruck gebracht – wenn auch in etwas anderer Formulierung als vor ihm John Locke und David Hume. Soziale Gerechtigkeit besteht in der Wahrung der individuellen Freiheit der Bürger. Sie ist praktisch identisch mit Rechtsstaatlichkeit und mit der Rechtsgleichheit zwischen den Bürgern. Auch für Kant beschränkte sich „Gleichheit" auf die Gleichheit vor dem Gesetz. Soziale Gleichheit und soziale Ungleichheit spielten – anders als bei Thomas Morus oder Rousseau – für den klassischen

Liberalismus noch keine Rolle. Oder anders ausgedrückt: Freiheit wird nur als rechtliche oder formale Freiheit verstanden, nicht als reale Freiheit im Sinne der konkret vorhandenen Möglichkeit des Individuums, die ihm dem Gesetz nach zustehenden Freiheitsrechte auch tatsächlich auszuüben und über die dazu notwendigen materiellen Voraussetzungen zu verfügen. Wer aber sorgfältig liest, kann erkennen, dass Kant mit seiner Gerechtigkeitstheorie im Vergleich zu Locke und zu Hume eine durchaus nicht unwichtige Akzentverschiebung vornahm. Locke sah die Aufgabe der Rechtsordnung darin, den „friedlichen und sicheren Genusse des Eigentums" sicherzustellen, also das Eigentum und die Persönlichkeitsrechte der Bürger zu schützen, und zwar vor allem gegenüber der Regierung. Hume sah das ganz ähnlich, er konzentrierte sich aber ausschließlich auf die Sicherung des Eigentums und schenkte dem Schutz der andern Persönlichkeitsrechte keine weitere Beachtung. Man kann sagen, dass die Gerechtigkeitstheorien von Locke und Hume im Grunde nicht über die Besitzstandswahrung für die Besitzenden hinausreichen. Kant hingegen betonte einen anderen Aspekt: Gerechtigkeit besteht im Konfliktausgleich zwischen den potenziell widerstreitenden Freiheitsrechten der Individuen. Deshalb sah er die Notwendigkeit, die mit der Freiheit zwangsläufig verbundenen Konflikte zu regeln und die Freiheit des einen gegenüber der Freiheit des anderen abzugrenzen. Sein Gerechtigkeitsbegriff enthielt dem Prinzip nach jedenfalls die Möglichkeit, in die Freiheit der Besitzenden um der (realen) Freiheit der Besitzlosen willen korrigierend einzugreifen; ein Beispiel dafür werden wir in Kants Plädoyer für eine staatlich finanzierte Armenpflege sehen, die über die Vorstellungswelt des damaligen

Liberalismus hinausging. Als Kant seine Rechtsphilosophie am Ende des 18. Jahrhunderts formulierte,
lag die Frage der ökonomischen und sozialen
Ungleichheit noch außerhalb seines Gesichtskreises. Aus
der soeben beschriebenen Akzentuierung seines
Gerechtigkeitsbegriffs zog er deshalb keine weiter
gehenden Schlussfolgerungen. Als sich dann aber im 19.
Jahrhundert die sozialen Konflikte zuspitzten, stand der
Liberalismus vor der Herausforderung, sich auch der
Frage der sozialen Ungleichheit zu stellen und zu
berücksichtigen, dass es eine Diskrepanz zwischen
rechtlicher und realer Freiheit und rechtlicher und realer
Gleichheit gibt. Da der Liberalismus aber im
Wesentlichen bei seiner traditionellen
Gerechtigkeitskonzeption stehenblieb, spaltete sich der
Sozialismus von der liberalen Freiheitsbewegung ab.
Rückblickend kann man sagen, dass Kants
Rechtsphilosophie die theoretische Grundlage für die
Weiterentwicklung des Gerechtigkeitsparadigmas des
Liberalismus geboten hätte. Dies hat, wie noch sehen
werden, erst 180 Jahre später John Rawls nachgeholt ,
und zwar unter Berufung auf Kant.

4.3 Kants Gesellschaftsvertrag

Seit der Frühen Neuzeit war das Konzept des Gesellschaftsvertrags oder der sogenannte Kontraktualismus die vorherrschende Linie der Gerechtigkeitstheorie. Auch Kant nahm einen „ursprünglich Soziale Gerechtigkeit in der Geschichte der politischen Ideenlichen Kontrakt" an, allerdings nicht im Sinne eines historischen Faktums, sondern einer fiktiven gedanklichen Konstruktion, die darlegen soll, dass Rechtsnormen nur dann legitim genannt werden können, wenn sie so beschaffen sind, dass sich Menschen in einem gedachten Urzustand freiwillig darauf einigen können. Im Gegensatz zu Thomas Hobbes vertrat Kant die gemäßigte Variante der Vertragstheorie: Der Ur- oder Naturzustand ist zwar gesetzlos, weil es keinen Staat und folglich keine Gesetze gibt, aber das heißt nicht, dass in ihm kein Recht existiert. Vielmehr gibt es auch im vorvertraglichen Status „angeborene Rechte" der Menschen, die Kant zufolge aus einem einzigen Recht abgeleitet werden können, nämlich aus dem Recht auf Freiheit. Das Recht wird also durch den Gesellschafts-vertrag nicht geschaffen, sondern lediglich zur vollen Wirksamkeit gebracht und gesichert. Soweit befand sich Kants Lehre vom ursprünglichen Kontrakt in Über-einstimmung mit seinen Vorgängern. In einem wichtigen Punkt entwickelte er allerdings die Vertragstheorie auf sehr originelle Weise weiter, worauf Kersting (2007, S. 253 ff.) hingewiesen hat. Alle früheren Vertrags-theoretiker hatten sich den Gesellschaftsvertrag, also die Errichtung des Staates und den Übergang vom gesetzlosen „Naturzustand" zum „rechtlichen Zustand", als eine Sache der Zweckmäßigkeit, der Klugheit und des wohlverstandenen Eigeninteresses vorgestellt. Bei

Hobbes schließen sich die Menschen zusammen, um im Chaos des allgemeinen Kriegszustands ihr Leben zu retten, bei Locke um ihr Eigentum zu schützen. Kant hingegen erklärte den Übergang vom Naturzustand zum Rechtszustand zu einer Rechtspflicht. Seine Begründung dafür war, dass es im nichtrechtlichen Zustand (also im gesetzlosen Naturzustand) jederzeit zur Gewaltanwendung kommen kann, denn unter diesen Bedingungen hat jeder das Recht, sich das zu nehmen, was ihm als sein Recht erscheint. Die Menschen, die sich in einem solchen Naturzustand befinden, haben daher die Pflicht, ein Staatswesen und eine Rechtsordnung zu etablieren, um die Gewalt zu beenden bzw. präventiv zu verhindern. Die Bedeutung dieses gedanklichen Schritts liegt darin, dass Kant damit streng genommen die Grenzen des normativen Individualismus und des klassisch-liberalen Gerechtigkeitsparadigmas überschritt: Um Normen des gesellschaftlichen Zusammenlebens zu legitimieren, reicht ein Vertrag zum gegenseitigen Vorteil nicht aus. Ein solcher Vertrag würde nämlich nichts daran ändern, dass der eigene Vorteil das oberste handlungsleitende Prinzip ist, und solange dies so bleibt, ist es jedermann unbenommen, den Vertrag bei günstiger Gelegenheit mindestens zu kündigen, wenn nicht gar zubrechen. Erst wenn die Eindämmung der Gewalt und die Sicherung des Friedens nicht nur ein Gebot der Klugheit, sondern darüber hinaus eine Rechtspflicht sind, kann es ein übervertragliches Prinzip geben, das dem Gesellschaftsvertrag eine Legitimationsgrundlage verleiht. Wir werden sehen, dass der bedeutendste Gerechtigkeitstheoretiker des 20. Jahrhunderts, John Rawls, in diesem Sinne auf Kant zurückgegriffen hat.

4.4 Kants Eigentumstheorie

Bei der Darstellung der Gerechtigkeitstheorie von John Locke und David Hume wurde deutlich, dass das Eigentumsrecht im Rahmen des Gerechtigkeits-paradigmas der Liberalismus eine ganz besondere Bedeutung hat. Wenn nämlich das eigentliche Ziel einer gerechten Ordnung der Gesellschaft im „friedlichen und sicheren Genuss des Eigentums" liegt, dann ist es natürlich eine der wichtigsten Aufgaben der politischen Philosophie, nachzuweisen, dass das Eigentum selbst legitim ist und unter welchen Bedingungen es gerechterweise erworben werden kann. Dieser Frage ist auch Kant in seiner Metaphysik der Sitten nach-gegangen. Er hat wie Locke gefragt, wie man sich den gerechten ursprünglichen Erwerb des Eigentums an Grund und Boden vorzustellen hat. Nach Locke wird das Eigentumsrecht dadurch begründet, dass bis dahin herrenloses Land kultiviert und bearbeitet wird. Wenn das Land auf diese Weise mit der Arbeit verbunden wird, geht es in das legitime Eigentum des Arbeitenden über. Dieser Auffassung widersprach Kant mit einem ganz einfachen und auch durchaus plausiblen Argument: Das Eigentumsrecht kann seinen Ursprung nicht in der Bearbeitung des Bodens haben, sondern es ist umgekehrt: das Recht, den Boden zu bearbeiten (und den Ertrag zu verbrauchen), setzt bereits das Eigentumsrecht voraus. Die Bearbeitung und Nutzung des Bodens kann also nicht der Rechtsgrund, sondern lediglich die Rechtsfolge des Eigentums sein. Bei der eigenen Lösung des Problems des legitimen Ersterwerbs von Grund und Boden machte es sich Kant allerdings verblüffend leicht: Der einzige Rechtsgrund des Eigentums ist die erste faktische Besitznahme. Das

Recht auf Erstaneignung ist zudem unbeschränkt; der Erwerber kann sich mehr aneignen, als er selbst bewirtschaften kann oder zum Leben benötigt, und er muss auch keine Rücksicht darauf nehmen, ob genügend Land für die anderen Menschen übrig bleibt. Die einzige Schranke für die Aneignung besteht für Kant darin, dass es nur begrenzt möglich ist, den in Besitz genommenen Boden faktisch unter Kontrolle zu halten und zu verteidigen. „Es ist die Frage: wie weit erstreckt sich die Befugnis der Besitznehmung eines Bodens? So weit, als das Vermögen, ihn in seiner Gewalt zu haben, d. i. als der, so ihn sich zueignen will, ihn verteidigen kann, gleich als ob der Boden spräche: wenn ihr mich nicht beschützen könnt, so könnt ihr mir auch nicht gebieten." (Kant 1977, Bd. 8, S. 375)

Kants Eigentumstheorie hat also ein – jedenfalls im Rahmen der politischen Theorie des Liberalismus – höchst überraschendes Ergebnis, nämlich dass der ursprüngliche Erwerb von Grund und Boden überhaupt keinen anderen Rechtsgrund hat als den Zufall der ersten Besitznahme und die Fähigkeit, das okkupierte Land zu verteidigen – er beruht also genau genommen auf dem „Recht" des Stärkeren und somit auf nichts anderem als auf Gewalt. Kant hat folglich das ursprüngliche Eigentum nicht überzeugender begründet als Locke, sondern, ganz im Gegenteil, dem Eigentum überhaupt die Legitimationsgrundlage entzogen. Wenn aber alles Eigentum an Grund und Boden ursprünglich auf Zufall und Gewalt beruht, gerät die ganze liberale Gerechtigkeitstheorie ins Wanken. Kant scheint sich dessen nicht bewusst gewesen zu sein; jedenfalls zog er keine weiter gehenden Konsequenzen aus seiner Eigentumstheorie. Bei der Frage, wie der Erwerb von Grund und Boden legitimiert werden kann, gibt es übrigens eine gewisse

Übereinstimmung zwischen Kant und Hume: Auch Hume verzichtete darauf, die Landnahme zu rechtfertigen. Er begnügte sich damit, dass der faktische Besitz unabhängig von der Art und Weise seiner Entstehung durch die Etablierung der Rechtsordnung nach dem Prinzip »jeder behält, was er besitzt« nachträglich für rechtens erklärt wird.

Gewaltenteilung und Regierungsformen

Auf Basis der Theorie des Gesellschaftsvertrags hat Kant in der Metaphysik der Sitten seine Lehre vom „Staatsrecht", d. h. von den Grundprinzipien eines legitimen und vernünftigen Staatswesens, entwickelt. Von entscheidender Bedeutung ist dabei die Idee der Gewaltenteilung, die er im Wesentlichen von John Locke und Montesquieu übernahm. „Ein jeder Staat enthält drei Gewalten in sich, d. i. den allgemein vereinigten Willen in dreifacher Person (trias politica): die Herrschergewalt (Souveränität), in der des Gesetzgebers, die vollziehende Gewalt, in der des Regierers (zu Folge dem Gesetz [d. h. dem Gesetz entsprechend,) und die rechtsprechende Gewalt (als Zuerkennung des Seinen eines jeden nach dem Gesetz), in der Person des Richters." (Kant 1977, Bd. 8, S. 431 f.). Die gesetzgebende Gewalt ist der „Souverän", also die oberste Staatsgewalt: „Die gesetzgebende Gewalt kann nur dem vereinigten Willen des Volkes zukommen." Darin kommt zum Ausdruck, dass Kant den Grundsatz der Volkssouveränität vertrat, auch wenn er diesen Grundsatz später wieder einschränkte. Zwischen den drei Staatsgewalten muss Kant zufolge strikte Gewalten-teilung herrschen: „Der Beherrscher des Volks (der Gesetzgeber) kann also nicht zugleich der Regent sein, denn dieser steht unter dem Gesetz, und wird durch dasselbe, folglich von einem anderen, dem Souverän, verpflichtet. Jener kann diesem auch seine Gewalt nehmen, ihn absetzen, oder seine Verwaltung reformieren, aber ihn nicht strafen (und das bedeutet allein der in England gebräuchliche Ausdruck: der König, d. i. die oberste ausübende Gewalt, kann nicht unrecht tun); denn das wäre wiederum ein Akt der ausübenden Gewalt, der zu oberst das Vermögen, dem Gesetze gemäß zu zwingen, zusteht, die aber doch selbst einem Zwange unterworfen wäre; welches sich widerspricht. Endlich kann, weder der Staatsherrscher noch der Regierer, richten, sondern nur Richter, als Magistrate, einsetzen." (Ebd., S. 436)

Die Theorie der Regierungsformen findet sich nicht in Kants staats- und rechtsphilosophischen Hauptwerk, dem ersten Teil der Metaphysik der Sitten, sondern in der kleinen Abhandlung Zum ewigen Frieden von 1795, von der später nochmals die Rede sein wird. Hier hat sich Kant am klassischen Schema der Verfassungstypen von Aristoteles orientiert, es aber in charakteristischer Weise abgewandelt. Wie Aristoteles hat er die Verfassungen nach zwei Kriterien eingeteilt, nämlich 1. nach der „Form der Beherrschung", d. h. nach der Zahl der Regierenden (einer – wenige – viele oder wenige) und 2. nach guter oder schlechter Herrschafts- oder Regierungsweise. Die „guten" Verfassungen im Sinne von Aristoteles hat Kant als „republikanisch" bezeichnet, die „schlechten" als „despotisch". Das Unterscheidungskriterium war für Aristoteles, ob sich die Herrschenden am Gemeinwohl oder an ihrem Eigeninteresse orientieren. An die Stelle des Maßstabs der Gemeinwohlorientierung ist bei Kant die Respektierung der Gewaltenteilung getreten. Dies ist der wichtigste Gedanke, den Kant zur Theorie der Regierungsformen beigesteuert hat: Gleichgültig ob es sich um eine Soziale Gerechtigkeit in der Geschichte der politischen Ideen Monarchie, Aristokratie oder Demokratie handelt, ist jede Verfassung ohne Gewaltenteilung „despotisch"; spiegelbildlich ist dann jede Verfassung unabhängig von der Zahl der Herrschenden „republikanisch", wenn die drei Gewalten auf verschiedene Träger verteilt sind:

„Der Republikanismus ist das Staatsprinzip der Absonderung der ausführenden Gewalt (der Regierung) von der gesetzgebenden; der Despotism ist das der eigenmächtigen Vollziehung des Staats von Gesetzen, die er selbst gegeben hat, mithin der öffentliche Wille, sofern er von dem Regenten als sein Privatwille gehandhabt wird." (Kant 1977, Bd. 11, S. 205 f.)

Unter Anlegung dieses Maßstabs fällte Kant über die Demokratie ein Urteil, das auf den ersten Blick als vernichtend erscheint:

„Unter den drei Staatsformen ist die der Demokratie, im eigentlichen Verstande des Worts, notwendig ein Despotism, weil sie eine exekutive Gewalt gründet, da alle über und allenfalls auch wider Einen (der also nicht mit einstimmt), mithin alle, die doch nicht alle sind, beschließen; welches ein Widerspruch des allgemeinen Willens mit sich selbst und mit der Freiheit ist." (Ebd., S. 206) Bei genauerem Hinsehen erklärt sich diese negative Bewertung allerdings daraus, dass Kant die Begriffe in einem anderen Sinne verwendete als es ihrer heutigen Bedeutung entspricht:

• Mit „Republik" bezeichnen wir heute einfach das Gegenteil von Monarchie; das entscheidende Kriterium ist, dass das Staatsoberhaupt nicht durch Geburt und Erbfolge bestimmt wird, sondern durch direkte oder indirekte Wahlen. Bei Kant bedeutet „Republik" dagegen so viel wie „gute Verfassung" oder „wohlgeordnetes

Staatswesen" (lateinisch „res publica" nicht im neutralen, sondern im positiv-wertenden Sinne). Das entscheidende Kriterium der guten Verfassung war für ihn die Gewaltenteilung. Dies erklärt, warum für Kant unter Umständen auch eine Monarchie eine „Republik" sein konnte.

• Der Begriff „Demokratie" verwendet man heute für ein Regierungs-system, bei dem erstens alle Staatsgewalt vom Volk ausgeht (Volkssouveränität), zweitens Gewaltenteilung herrscht und drittens die Staatsgewalt durch eine Verfassung und die Grundrechte der Bürgerinnen und Bürger eingeschränkt ist. Kant orientierte sich hingegen an dem von Platon und Aristoteles überlieferten antiken Demokratiebegriff, d. h., er bezeichnete damit die breite Beteiligung des Volkes an der Exekutiv- und auch an der Justizgewalt, was natürlich eine Gewaltenteilung im modernen Sinne ausschloss. Kants schroffe Ablehnung richtete sich demnach nicht gegen das, was wir heute unter Demokratie verstehen, sondern gegen Exzesse der Art, die z. B. im antiken Athen oder in der radikalen Phase der Französischen Revolution zu beobachten waren.

4.5 Kant und das Widerstandsrecht

In der Frage des Widerstandsrechts gegenüber einer illegitimen und ungerechten Staatsgewalt vertrat Kant eine eigenwillige Position. Nach der herkömmlichen Lehre des Liberalismus, wie sie z. B. von Locke formuliert wurde, hat das Widerstandsrecht eine zentrale Bedeutung: Wenn die Regierung oder der Gesetzgeber die Grundfreiheiten verletzt und damit den Gesellschaftsvertrag bricht, hat das Volk das Recht zur Revolution. Kant dagegen sprach dem Volk das Recht auf Widerstand gegen illegitim ausgeübte oder usurpierte Staatsgewalt kategorisch und mit drastischen Worten ab: „Wider das gesetzgebende Oberhaupt des Staats gibt es also keinen rechtmäßigen Widerstand des Volks; denn nur durch Unterwerfung unter seinen allgemein-gesetzgebenden Willen ist ein rechtlicher Zustand möglich; also kein Recht des Aufstands, noch weniger des Aufruhrs, am allerwenigsten gegen ihn, als einzelne Person (Monarch), unter dem Verwände des Miss-brauchs seiner Gewalt, Vergreifung an seiner Person, ja an seinem Leben. Der geringste Versuch hierzu ist Hochverrat, und der Verräter dieser Art kann als einer, der sein Vaterland umzubringen versucht, nicht minder als mit dem Tode bestraft werden. Der Grund der Pflicht des Volks, einen, selbst den für unerträglich ausgegebenen Missbrauch der obersten Gewalt dennoch zu ertragen, liegt darin: dass sein Widerstand wider die höchste Gesetzgebung selbst niemals anders, als gesetzwidrig, ja als die ganze gesetzliche Verfassung zernichtend gedacht werden muss. Denn, um zu demselben befugt zu sein, müsste ein öffentliches Gesetz vorhanden sein, welches diesen Widerstand des Volks erlaubte, d. i. die oberste Gesetzgebung enthielte eine Bestimmung in sich, nicht die oberste zu sein, und das Volk, als Untertan, in einem und demselben Urteile zum Souverän über den zu machen, dem es untertänig ist; welches sich widerspricht und wovon der Widerspruch durch die Frage alsbald in die Augen fällt: wer denn in diesem Streit zwischen Volk und Souverän Richter sein sollte (denn es sind rechtlich betrachtet doch immer zwei verschiedene moralische Personen); wo sich dann zeigt, dass das erstere es in seiner eigenen Sache sein will." (Kant 1977, Bd. 8, S. 440)

Von diesem Standpunkt aus musste Kant die Französische Revolution als Hochverrat verurteilen: Es mag zwar nötig gewesen sein, die Staatsverfassung zu ändern, aber dies hätte seiner Meinung nach niemals durch Revolution, sondern immer nur durch Reform – also durch den tatsächlichen Inhaber der Staatsgewalt – geschehen dürfen. Auch wenn es schwer fällt, für diese äußerst schroffe Haltung Verständnis aufzubringen, gilt es den systematischen Kern von Kants Argumentation nachvollzuziehen und ernst zu nehmen: Widerstand und Revolution richten sich nicht nur gegen bestimmte ungerechte Entscheidungen der Regierung, des Monarchen oder des Gesetzgebers, sondern sie heben den »gesetzlichen Zustand« als solchen auf und stellen den gesetzlosen „Naturzustand" wieder her. Deshalb ist selbst eine noch so rechtswidrige Tyrannei, in der es wenigstens noch eine, wenn auch ungerechte öffentliche Ordnung gibt, dem allgemeinen Chaos vorzuziehen. Wir kennen dieses Argument bereits von Thomas Hobbes. Für ihn war die Ablehnung jeglichen Widerstandsrechts zwingend, denn er bestritt, dass es überhaupt ein vor- oder überstaatliches Naturrecht gibt; wenn es aber kein Recht außer dem vom Staat gesetzten positiven Recht gibt, dann gibt es auch kein übergeordnetes Prinzip, an dem die Gerechtigkeit oder Ungerechtigkeit des staatlichen Handelns gemessen werden könnte, und deshalb kann es keinen Rechtsgrund für Widerstand und Revolution geben. Was für Hobbes konsequent war, war allerdings für Kant inkonsequent. Er selbst nahm ja – anders als Hobbes – an, dass es ein Naturrecht gibt, das allem staatlichen Recht vorausgeht, z. B. das „angeborene Recht auf Freiheit". Der Naturzustand ist insofern zwar gesetzlos, aber nicht rechtlos. Es gibt also nach Kants eigenen Prämissen in Gestalt des Naturrechts sehr wohl eine normative Basis, auf die sich Widerstandsrecht und Revolution stützen könnten. Von daher ist Kants radikale Ablehnung des Widerstandsrechts unverständlich. Wie dem auch sei, wir haben Grund zu der Annahme, dass die Erfahrungen mit den blutigen Exzessen der Französischen Revolution Kants Urteil negativ beeinflussten – obwohl er, wie wir aus manchen seiner Äußerungen wissen, die meisten Ziele der Revolution – also das Prinzip der Volkssouveränität, die Menschenrechte und die Gleichheit aller vor dem Gesetz – durchaus billigte. Unter dem Eindruck des blutigen Verlaufs der Revolution wurde Kant offenbar zum obrigkeitstreuen Konservativen. Wir können auch vermuten, dass Kant, der ohnehin wegen seiner Schriften zur Religionsphilosophie Ärger mit der preußischen Zensurbehörde hatte, im vorausschauenden Gehorsam jeden Anschein, mit der Revolution zu sympathisieren, vermeiden wollte. Vielleicht ist die Wurzel der historischen Tragödie des deutschen Liberalismus schon bei Kant, einem seiner Gründungsväter, angelegt gewesen, nämlich die Neigung, im Konfliktfall die politische Freiheit hinter den Wunsch nach Ruhe und Ordnung zurückzustellen. Wolfgang Kersting (2007, S. 371 – 379) hat auf einen wichtigen Punkt aufmerksam gemacht: Kants Widerstandsverbot bezieht sich nur auf die rechtliche und nicht auf die moralische Sphäre. Kant hat lediglich bestritten, dass durch Widerstand und Revolution politische Legitimität begründet werden kann. Damit wollte er, Kersting zufolge, aber nicht in Zweifel ziehen, dass es ein moralisches Widerstandsrecht und auch eine moralische Widerstandspflicht gibt, nämlich dann, wenn die Staatsgewalt die Verletzung moralischer Pflichten verlangt. Dieses moralische Widerstandsrecht ist aber etwas völlig anderes als ein politisches Widerstandsrecht oder ein Recht auf Revolution: es ist erstens strikt passiv, d. h., es beschränkt sich auf Gehorsamsverweigerung, und es ist zweitens immer individuell.

4.6 Kants Minimal-Sozialstaat

Wir haben oben gesehen, dass sich Kants Begriff von sozialer Gerechtigkeit im Grundsatz – dem klassischen liberalen Gerechtigkeitsparadigma entsprechend– auf Rechtsstaatlichkeit und Gleichheit aller vor dem Gesetz beschränkt. Es gibt aber in Kants Metaphysik der Sitten eine merkwürdige, eigentlich eher nebensächliche Passage, in der es vordergründig nur um die zu seiner Zeit durchaus übliche Armenfürsorge geht. Hier liefert Kant – wahrscheinlich ohne es direkt zu beabsichtigen – den Ansatz einer theoretischen Begründung für sozialstaatliche Interventionen, die über die bloße Wohltätigkeit hinausgehen. Es geht um einen kleinen Absatz, in dem Kant der Staatsgewalt das Recht zuspricht, von den Vermögenden Abgaben zu erheben, um das „Armenwesen" und „Findelhäuser" zu betreiben. „Der allgemeine Volkswille hat sich nämlich zu einer Gesellschaft vereinigt, welche sich immerwährend erhalten soll, und zu dem Ende sich der inneren Staatsgewalt unterworfen, um die Glieder dieser Gesellschaft, die es selbst nicht vermögen [sich selbst zu unterhalten], zu erhalten. Von Staats wegen ist also die Regierung berechtigt, die Vermögenden zu nötigen, die Mittel der Erhaltung derjenigen, die es, selbst den notwendigsten Naturbedürfnissen nach, nicht sind (d. h. nicht vermögend sind), herbei zu Soziale Gerechtigkeit in der Geschichte der politischen Ideen schaffen; weil ihre Existenz (d. h. die Existenz der Regierung,) zugleich als Akt der Unterwerfung unter den Schutz und die zu ihrem Dasein nötige Vorsorge des gemeinen Wesens ist, wozu sie [die Vemögenden) sich verbindlich gemacht haben, auf welche der Staat nun sein Recht gründet, (die

Vermögenden zu zwingen,) zur Erhaltung ihrer Mitbürger das Ihrige beizutragen." (Kant 1977, Bd.8, S. 447) Der entscheidende zweite Satz dieser Textstelle ist zwar wegen seiner komplizierten Struktur nicht leicht zu verstehen, aber lässt er sich wie folgt interpretieren:

1. Die Staatsgründung und der Übergang vom Natur- zum Rechtszustand impliziert die Idee einer dauerhaften Ordnung.

2. Daher hat die Staatsgründung neben dem Hauptzweck, der Sicherung des Friedens und der Eindämmung der Gewalt, noch einen zweiten Zweck, nämlich den, das Leben aller Mitglieder der Gesellschaft zu erhalten.

3. Da einige Gesellschaftsmitglieder nicht imstande sind, sich selbst zu erhalten, ergibt sich die Pflicht der Regierung, für diese zu sorgen.

4. Der Staat ist berechtigt, die dafür notwendigen Mittel durch Pflichtabgaben von den Vermögenden einzutreiben.

5. Der Staat braucht sich also zur Finanzierung der Armenfürsorge nicht auf freiwillige Beiträge der Vermögenden zu verlassen.

6. Den Vermögenden geschieht durch diese Zwangsabgaben kein Unrecht, weil sie sich bei der Staatsgründung dem Schutz der Regierung unterworfen haben und daher zu der notwendigen Vorsorge beitragen müssen.

Das Bemerkenswerte ist, dass die Funktion des Staates sich nicht auf die Sicherung des inneren Friedens beschränkt, sondern auch die Sicherung eines Mindestmaßes an sozialem Schutz für das Volk einschließt. Kant zielte damit ganz bestimmt nicht auf den heutigen Sozialstaat im Sinne der umfassenden Verantwortung des Staates für die Wohlfahrt der Bürgerinnen und Bürger; ihm ging es vielmehr nur um die Gewährleistung des physischen Existenzminimums. Aber immerhin hat er damit zum ersten Mal eine gerechtigkeitstheoretische Begründung für einen Minimal- Sozialstaat formuliert.

4.7 Kants Idee des ewigen Friedens

Von allem, was Kant zur politischen Philosophie
beigetragen hat, haben seine Gedanken zum Völkerrecht
und zum Weltfrieden für die Gegenwart den aktuellsten
Bezug. Schon bei der Gründung des Völkerbunds und
der Vereinten Nationen stand seine Idee einer
Weltfriedensordnung und einer weltweiten
Staatenföderation Pate. Kant war zwar nicht der erste
Philosoph, der sich mit Fragen des Völkerrechts befasst
und sich Gedanken über die Möglichkeit gemacht hat,
Kriege künftig zu vermeiden. Aber er hat als Erster den
Grundgedanken der frühneuzeitlichen Staatstheorie –
dass der Staat eine Art aus Vernunftgründen getroffene
Vereinbarung zur Überwindung eines chaotischen
gesetzlosen Naturzustands ist – über den einzelnen
Staat oder das einzelne Volk hinaus auf die
überstaatliche Ebene und letztlich auf die gesamte
Menschheit ausgeweitet. Infolgedessen endet seine
Rechtsphilosophie auch nicht mit dem Staatsrecht,
dessen wichtigste Punkte bereits in groben Zügen
dargestellt wurden, sondern wird mit dem „Völkerrecht"
und dem „Weltbürgerrecht" fortgesetzt. Bei der
Konstruktion des Völkerrechts griff Kant auf die Theorie
des Gesellschaftsvertrags zurück: Von Natur aus
befinden sich die Staaten im Verhältnis zueinander in
einem nichtrechtlichen Zustand. Auch wenn nicht immer
akuter Kriegszustand herrscht, handelt es sich dennoch
um einen latenten Krieg und um die Herrschaft des
Rechts des Stärkeren. Wie der Gesellschaftsvertrag den
innerstaatlichen Rechtszustand begründet und den
gesetzlosen Naturzustand beendet, so überwindet das
Völkerrecht den natürlichen Zustand zwischen den
Staaten, nämlich den Krieg, und schafft eine den

„beharrlichen Frieden gründende Verfassung" (Kant 1977, Bd. 8, S. 466). Wir haben oben gesehen, dass Kant die herkömmliche Theorie des Gesellschaftsvertrags erweitert hat, und zwar durch das Postulat einer „Rechtspflicht" zur Beendigung des gesetzlosen Zustands und zur Gründung eines rechtlich geordneten Staatswesens. Analog dazu gibt es nach Kant auch eine Rechtspflicht zum Frieden zwischen den Staaten. Im Kriegszustand geschieht zwar keinem der Staaten Unrecht, aber der Kriegszustand ist als solcher »im höchsten Grade unrecht« und deshalb sind die Staaten dazu ver pflichtet, ihn zu beenden: „Nun spricht die moralisch-praktische Vernunft in uns ihr unwiderstehliches Veto aus: Es soll kein Krieg sein; weder der, welcher zwischen mir und dir im Naturzustande, noch zwischen uns als Staaten, die, obzwar innerlich im gesetzlichen, doch äußerlich (in Verhältnis gegen einander) im gesetzlosen Zustande sind; – denn das ist nicht die Art, wie jedermann sein Recht suchen soll." (Kant 1977, Bd.8, S. 478)

Hier formuliert Kant den entscheidenden Punkt seiner Idee des Weltfriedens: Krieg ist kein legitimes Mittel der Politik, sondern vom Prinzip her rechtswidrig. Frieden mit anderen Staaten zu halten oder zu schließen, ist Soziale Gerechtigkeit in der Geschichte der politischen Ideen deshalb nicht nur eine Frage des wohlverstandenen Eigeninteresses, sondern auch eine rechtliche Pflicht, der die Staaten unterliegen. Allerdings war Kant so realistisch, das Recht, einen Verteidigungskrieg zu führen, nicht in Frage zu stellen. In seiner 1784, also bereits lange vor seiner Metaphysik der Sitten verfassten Schrift Idee zu einer allgemeinen Geschichte in weltbürgerlicher Absicht hat Kant eine weitere, für die damalige Zeit revolutionäre Idee formuliert, nämlich dass

es in der Geschichte eine evolutionäre Tendenz gibt –
eine, wie er sagte, „Naturabsicht" –, die auf eine
weltbürgerliche Gesellschaft des allgemeinen Friedens
abzielt. Kant hat diesen Gedanken sehr vorsichtig und
eher in Form einer Vermutung oder Hoffnung als einer
Prognose geäußert. Er glaubte oder hoffte, dass sich im
Verlauf der Geschichte und in der Abfolge vieler
Generationen die „Naturanlage" des Menschen zum
Gebrauch seiner Vernunft durchsetzen würde. Dabei
setzte er auf die »ungesellige Geselligkeit« des
Menschen: Die Tatsache, dass der Mensch auf die
Kooperation mit seinen Mitmenschen angewiesen ist,
würde sich auf die Dauer gegen seine Neigung zu
Egoismus und Gewalt durchsetzen, sodass zum Schluss
aus der Gesellschaft ein „moralisches Ganzes" werden
könne. Trotz dieser für seine Zeit kühnen Zukunftsvision
war Kant aber alles andere als ein idealistischer Pazifist
oder naiver Optimist. Ihm war be wusst, dass sich die
Idee eines allgemeinen Weltfriedens lediglich
schrittweise, nicht ohne Rückschläge und niemals perfekt
verwirklichen lassen würde. Über die vielen notwendigen
Zwischenschritte hat er sich detaillierte Gedanken
gemacht, welche in der Schrift Zum ewigen Frieden
niedergelegt sind. So postulierte er z. B. das Prinzip der
Nichteinmischung in die inneren Angelegenheiten
anderer Staaten und forderte die Abschaffung der
„stehenden Heere" (wir würden heute von „Abrüstung"
sprechen), das Verbot von Eroberungs- oder
Bestrafungskriegen und einen Verzicht auf
„heimtückische" Kriegsmittel, die die Vertrauensbasis für
Friedens-schlüsse untergraben würden. Vor allem aber
ist Kant nicht so weit gegangen, einen Weltstaat mit
Weltregierung und Weltpolizei für erstrebenswert zu
erklären. Er war der Ansicht, dass man sich mit einer Art

Weltföderation selbstständiger Staaten begnügen müsse.
Diese könne auch aufgekündigt werden und bedürfe
zudem von Zeit zu Zeit der Erneuerung. Auch nach
Gründung der Weltföderation sollten die Staaten ihre
Armeen behalten und weiterhin das Recht besitzen, sich
notfalls gegen Angriffe zu verteidigen.
Schließlich hat Kant in seinem Essay „Zum ewigen
Frieden" noch die wichtige Einsicht formuliert, dass es
einen engen Zusammenhang zwischen der inneren
Verfassung eines Staates und dem äußeren Frieden gibt:

1. Nur Staaten mit „republikanischer" Verfassung
    sind friedensfähig; „despotisch" regierte Staaten
    neigen dazu, Angriffskriege zu führen – der
    Begriff »republikanisch« bedeutet, wie wir oben
    gesehen haben, dass es in einem Staat eine
    funktionierende Gewaltenteilung und somit eine
    freiheitliche Verfassung gibt.

2. Umgekehrt ist eine gerechte und rechtsstaatliche
    Ordnung im Inneren allein in einem friedlichen
    und niemals in einem kriegerischen Staat
    möglich.

Alles in allem war Kant mit seinen Überlegungen zum
Weltfrieden seiner Zeit um mehr als 100, ja um 150 Jahre
voraus. Der bis ins 20. Jahrhundert hinein
vorherrschenden und auch gegenwärtig noch immer
anzutreffenden Überzeugung, dass Krieg ein normales
Mittel der Politik sei, hat Kant in der Metaphysik der
Sitten das moralisch-praktische Postulat „Es soll kein
Krieg sein" (Kant 1977, Bd. 8, S. 478) entgegengesetzt.
Was ihm vorschwebte war ungefähr das, was heute die
Vereinten Nationen sein könnten – wenn sie denn so

funktionieren würden, wie es ihrer Gründungsidee entspricht. Man kann es auch anders ausdrücken: Wenn wir uns vor Augen halten, wie die europäische Geschichte in den 150 Jahren verlaufen ist, seitdem Kant seinen Essay Zum ewigen Frieden veröffentlicht hat, kann man ermessen, wie groß der zivilisatorische Rückschritt des Zeitalters des entfesselten Nationalismus hinter die Epoche der Aufklärung gewesen ist.

Zusammenfassung
Neben John Locke (1632 – 1704) und David Hume (1711 – 1776) war Immanuel Kant (1724 – 1804) der dritte Klassiker der politischen Philosophie des Liberalismus, die er in wichtigen Punkten ergänzt und bereichert hat.

1. Er unterschied klar zwischen staatlichem Recht und privater Moral. Damit formulierte er erstmals ein wesentliches Prinzip des Liberalismus und damit eine Grundvoraussetzung einer jeden freiheitlichen Staatsordnung.

2. Er sah das Wesen des Rechts und der Gerechtigkeit darin, dass die Freiheit eines jeden mit der Freiheit aller anderen nach einem allgemeinen, d. h. für alle Individuen gleicher-maßen gültigen Soziale Gerechtigkeit in der Geschichte der politischen Ideen Gesetz in Einklang gebracht wird. Mit der Definition von Gerechtigkeit als Konfliktausgleich zwischen den potenziell widerstreitenden Freiheitsrechten der Individuen legte Kant die theoretische Grundlage für die spätere Weiterentwicklung des Gerechtigkeitsparadigmas des Liberalismus.

3. Er übernahm die Theorie des Gesellschaftsvertrags, nahm aber an, dass dem Vertragsschluss die „Rechtspflicht" vorausgeht, den gesetzlosen Naturzustand zu verlassen und ein Staatswesen zu begründen, um Gewalt zu vermeiden. Damit wandte sich Kant von der im 17. und 18. Jahrhundert vorherrschenden Überzeugung ab, dass der Vertrag nur um des gegenseitigen Vorteils willens geschlossen wird.

4. Kant widersprach der Auffassung von Locke, dass das Eigentumsrecht an Grund und Boden durch Arbeit begründet werde. Stattdessen nahm er ein uneingeschränktes Recht auf Aneignung herrenlosen Landes an.

5. In seiner Theorie der Verfassungstypen erklärte Kant die Regierungsformen (Monarchie, Aristokratie, Demokratie) für irrelevant gegenüber der Frage, ob die Gewaltenteilung respektiert wird. Verfassungen mit Gewaltenteilung sind „republikanisch", solche ohne Gewaltenteilung „despotisch".

6. Im Gegensatz zu den anderen Vertretern des Liberalismus lehnte Kant ein politisches Widerstandsrecht gegen eine ungerechte Staatsgewalt ab.

7. Kant zufolge ist die Staatsgewalt verpflichtet, das »Armenwesen« zu finanzieren und zu diesem Zweck Steuern von den Wohlhabenden zu erheben. Damit formulierte er erstmalig und abweichend von der Gerechtigkeitstheorie des klassischen Liberalismus eine gerechtigkeitstheoretische Begründung eines Minimal- Sozialstaats.

8. Seine Überlegungen zur Idee des ewigen Friedens gehen von dem Grundsatz aus, dass der Krieg kein legitimes Mittel der Politik, sondern prinzipiell Unrecht ist. Den Grundgedanken der Theorie des Staatsvertrags, dass dieser ein aus Vernunftgründen geschlossener Pakt zur Überwindung des gesetzlosen und chaotischen Naturzustands sei, hat er zudem auf die überstaatliche Ebene und die gesamte Menschheit ausgeweitet.

5.0 Vom Konflikt zum Kreis

Ein Plädoyer für „Kreisverfahren" im Strafvollzug soll einen Weg skizzieren, vom Konflikt zum Kreis, d. h. von einer strafenden Vergeltung zur wiederherstellenden Gerechtigkeit im Strafvollzug zu kommen. Die Mediation in Strafsachen ist in Deutschland unter dem Begriff des „Täter-Opfer-Ausgleiches" (TOA) bekannt und seit vielen Jahren gesetzlich verankert. Der übergeordnete Begriff „Restorative Justice", im Deutschen gemeinhin mit „Restaurative / Wiederherstellender Gerechtigkeit" übersetzt, und die Vielzahl der hiermit umschriebenen, über den TOA hinausgehenden, außergerichtlichen Verfahrensangebote für Geschädigte und Verantwortliche von Straftaten sind hingegen in unserem Land viel weniger präsent als anderswo in Europa und der Welt. Das ist deshalb beklagenswert, weil die Anliegen und Zielsetzungen von Restaurativer Gerechtigkeit, nämlich Wiedergutmachung für die Geschädigten, Verantwortungsübernahme durch die „Täter" und Aussöhnung sowie sozialen Frieden für die Gemeinschaft zu ermöglichen, auch hierzulande höchst nützlich sein können.

5.1 Der Kreis – ein Urphänomen

Das Wasser, Ursprung und Hauptbaustein allen Lebens auf der Erde, zeigt zahlreiche Phänomene von Kreisen: Das Wasser formt sich in der Schwerelosigkeit zu runden Tropfen, ins Wasser geworfene Steine hinterlassen Kreise auf der Wasseroberfläche, Wasserstrudel verlaufen kreisrund in die Tiefe und es sind runde Luftblasen, die im Wasser an die Oberfläche aufsteigen. Die Natur lehrt uns, dass der Kreis die Urform, das zentrale Prinzip allen Seins ist. Zahlreiche urzeitliche Steinkreis-formationen in Europa, wie die wohl bekannteste Anlage in Stonehenge im Süden Englands, aber auch weltweit in Afrika, Asien, Australien, sowie Nord- und Südamerika, lassen darauf schließen, dass die noch naturverbundenen Menschen früherer Zeiten um die Bedeutung und die Kraft des Kreises wussten und sich diese zunutze machten. Überlieferte Schutzsymbole in Kreisform, das chinesische Yin-Yang-Symbol, die Keltischen Baumkreise und vieles mehr zeugen noch heute von diesem alten Bewusstsein und ursprünglichen Wissen.

Der Indianerälteste Manitonquat vom Stamm der Assonet der Wampanoag im östlichen Nordamerika berichtet zudem davon, dass die Menschheit bis zum Beginn der Zivilisation diese Urform auch als Form des Zusammenlebens wählte. „Es war nicht nur das Volk von Black Elk, die Oglala Lakota, die stark und glücklich im Kreis lebten. Es hat sich herausgestellt, dass die ersten Menschen auch in Kreisen lebten." Aber man muss nicht in die Ferne schweifen. Dass sich auch die keltischen Stämme in kreisrunder Form ansiedelten, zeigt schon das Studium eines unbeugsamen „kleinen gallischen Dorfes" bei Asterix und Obelix. Der Kreis, selbst ohne

Anfang und Ende und damit Symbol der Unendlichkeit, wird seit Menschengedenken in Ehe-, Verlobungs- oder Freundschaftsringen als Zeichen der Verbundenheit von Menschen gewählt. Was in der westlichen, „aufgeklärten" Welt nur noch rudimentär in dieser Schmuckform, als Ausdruck „besonderer Beziehungen" weiter existiert, wird in ursprünglichen Kulturkreisen noch als allgemeine Lebenswahrheit wahrgenommen: die Verbundenheit nicht nur aller Menschen miteinander, sondern auch mit der gesamten Schöpfung. Howard Zehr beschreibt dieses Phänomen in seinem Standardwerk Restaurativer Gerechtigkeit „Fairsöhnt" wie folgt: „Wir sind alle miteinander verbunden. In den hebräischen Schriften findet sich das eingebettet in das Konzept des Schalom. Das ist die Vision eines Lebens mit dem Empfinden, miteinander `in Ordnung zu sein`, mit dem Schöpfer und der Umwelt. In vielen Kulturen gibt es einen bestimmten Begriff, der die zentrale Bedeutung von Beziehungen ausdrückt: Bei den Maori lautet es „whakapapa", die Navajo sprechen von „hozho", viele Afrikaner verwenden dafür das Bantu-Wort „uBuntu". Auch wenn die genauen Bedeutungen dieser Worte sich unterscheiden, drücken sie doch dieselbe Botschaft aus: Alle Dinge sind in einem Beziehungsnetz miteinander verbunden. Aus dieser Verbundenheit allen Seins folgt ebenfalls ganz natürlich die Erkenntnis, dass das Leid des einen das Leid aller ist. „So gesehen stellt ein Verbrechen eine Wunde in der Gemeinschaft dar, einen Riss im Netz der Beziehungen. Verbrechen bedeuten beschädigte Beziehungen." Dies ist auch die Erkenntnis der heutigen „Wiederauflage" von Friedenskreisen oder „Restorative Circles": „Der Prozeß beginnt, wenn wir erkennen, dass alles, was dich betrifft, mich auch betrifft", so Dominic Barter.
Die zentrale Aussage der afrikanischen uBuntu-

Philosophie geht mit nur anderen Worten in dieselbe Richtung: „Ich bin, weil Ihr seid, und Ihr seid, weil ich bin." Im Wissen um diese Zusammenhänge ist es nicht verwunderlich, dass es auch die Kraft des Kreises war, die ursprünglich der Konfliktlösung diente. Aus verschiedenen ursprünglichen Kulturen sind uns Verfahren überliefert, wie sich Menschen in Kreisen zusammenfanden, um ihre Konflikte zu lösen und ihre beschädigten Beziehungen zu heilen. Es waren u. a. Germanen, die ihre Versammlungen an runden, sog. Thing-Plätzen abhielten. Überlieferungen und Bilder von solchen Plätzen, u. a. der Thing-Platz in Gulde bei Flensburg, zeigen, dass es sich bei den Versammlungsstätten um kreisförmige Gebilde handelte.

Einer der bekanntesten solcher Versammlungsorte ist der Pingvellir, die Geburtsstätte des isländischen Staates. Aus den Traditionen der Eingeborenen in Neuseeland und Australien, aus der indianischen Kultur, besonders in Kanada, aber auch in den USA, sowie aus Afrika sind uns sogenannte Friedenszirkel oder auch „restaurative Konferenzen" überliefert. Diesen Traditionen gemeinsam sind nicht nur bestimmte Rituale wie u. a. die Sitzordnung im Kreis und allparteiliche Personen als Hüter des Zirkels, sondern auch die Tatsache, dass Gefängnisse den ursprünglichen Gemeinschaften fremd waren, weil das „Konzept" der Wiedergutmachung und Integration die isolierte Strafe und deren Verbüßung ersetzte. Der Kreis ist also mehr als eine Form von vielen; es ist die Form, die das Prinzip des Lebens auf der Erde und der gesamten Schöpfung symbolisiert. Vom Stamm der Babemba in Südafrika sind bspw. Kreisverfahren zur Reintegration von „Angeklagten" durch Wertschätzung statt Ächtung bekannt. Und es ist eine Form, die in allen Lebensbereichen heilend wirken kann. Es ist somit nicht

verwunderlich, dass etwas sprichwörtlich „rundläuft",
wenn etwas gut läuft und in Ordnung ist. Aber ist das
tatsächlich der Fall? Läuft es in unserer Gesellschaft und
mit unserer Form der strafrechtlichen Konfliktlösung
rund?

5.2 Der Status Quo

Das Charakteristische eines Kreises ist neben der Verbundenheit aller Punkte die Tatsache, dass alle Punkte/Teilnehmer eines Kreises auf einer Ebene liegen. Es gibt kein höher oder niedriger, sprich keine Hierarchie. An beidem fehlt es unserer modernen Zivilisation. Die Kreise sind aus unserer zivilisierten Welt weitgehend verschwunden. In einer Zeit, in der sich Verbindungen jedweder Form immer mehr lösen und die Schau und Bedeutung der großen Zusammenhänge und des Zusammenwirkens von der Spezialisierung, Fokussierung aufs Detail und hierarchischem Denken längst abgelöst wurden, sind Kreise lediglich noch ein Symbol, das uns an unsere Ursprünge erinnert. Unsere heutige Welt mit ihrem Streben nach Gewinn und Macht ist geprägt von Hierarchien: von Hierarchien am Arbeitsplatz, in jeglicher Art von Vereinen, also auch in unserer Freizeit, Hierarchien in Kirchensystemen, von hierarchischem Denken in der Nachbarschaft je nach beruflichem Ansehen oder finanziellen Kapazitäten. Unsere Realität ist die sogenannte Ellenbogengesellschaft, die tatsächlich immer weniger das ist, was sie bezeichnet. Denn „Gesellschaft" leisten wir uns immer seltener, mit der Folge, dass wir uns, selbst in unseren Familien immer weniger verbunden und in Gemeinschaft fühlen. Während die Globalisierung und das vermeintliche Zusammenwachsen der Welt voranschreiten, ist die soziale Isolation ihrer Menschen, mit dem Gefühl der Vereinsamung, nicht nur im Alter, ein allgegenwärtiges Thema. Bei mehr als sechzehn Millionen Menschen, die in Deutschland inzwischen allein leben,boomen weltweite Bewegungen wie „Free Hugs", „bei der Menschen in Fußgängerzonen Gratis-

Umarmungen anbieten", sowie Kuschelpartys und die Angebote professioneller BerührerInnen als entgeltliche Dienstleistung. Statt in Gemeinschaft zu leben und zusammen zu wirken, was der Menschheit zum Anbeginn unserer Existenz noch das Überleben gesichert hatte, kämpfen wir nun im Großen wie im Kleinen gegen-einander um vermeintlich knappe Ressourcen, um Geld, Ansehen und Macht. Was der Verlust der Kreise bedeutet, wird im strafrechtlichen Rahmen besonders sichtbar.

Unter dem Titel „Alles was Recht ist" berichtet die Süddeutsche Zeitung in ihrer Ausgabe vom 27. Januar 2014 über den Prozess vor dem Landgericht Dessau gegen fünf Angeklagte, denen die Tötung von Ulf Möller Anfang 2012 vorgeworfen wird. „Seit fast einem Jahr sitzen die Angehörigen, den Tätern in diesem Raum gegenüber, schauen in ihre Kindergesichter, fast nie in ihre Augen, beobachten sie dabei, wie sie ins Leere starren." Da die Angeklagten überwiegend schweigen, warten die Angehörigen vergeblich auf Antworten auf die sie quälenden Fragen: „Warum musste unser Sohn sterben? Dauerte das Martyrium unseres Sohnes fünf Stunden oder fünf Tage? Hat er früh das Bewusstsein verloren oder erst spät?" Und während die Verteidiger das Verfahren mit diversen Anträgen in die Länge ziehen, sind das „für die Familie die schlimmsten Tage, wenn es nur am Rand oder überhaupt nicht mehr um die S a c h e ge ht ". Alltag in deutschen Gerichten, eine Leidens-geschichte von vielen, die Geschädigte und ihre Angehörigen nach der eigentlichen Verletzung, die ihnen zugefügt wurde, erleben. Ein Erpressungsopfer, so hat das Landessozial-gericht Niedersachsen-Bremen kürzlich entschieden, habe nur dann einen Anspruch nach dem Opferentschädigungsgesetz, wenn ein „tätlicher Angriff" vorliege. Die bloße Drohung mit Gewalt reiche dafür nicht aus. Zwei Beispiele, exemplarisch herausgegriffen für das Dilemma, in dem sich Geschädigte und deren Angehörige befinden. Mit den Verantwortlichen einer Straftat, in unserem alltäglichen Sprachgebrauch auf das Merkmal des „Täters" reduziert, sind sie die Hauptbetroffenen eines Konfliktes. Aber wenn kein Gesetz für sie zuständig bzw. anwendbar ist, bleiben die Geschädigten und ihre Angehörigen bestenfalls mit ihren verletzten Körpern, Seelen und Gefühlen nicht nur sprachlos und ohne Gehör gefunden zu haben, allein zurück, sondern zudem durch Recht und Gesetz ihres Konfliktes enteignet. Wenn es schlecht läuft, werden sie durch die Art ihrer Behandlung im Strafverfahren ein zweites Mal traumatisiert.

Den Verantwortlichen der Straftaten wird zwar im Rahmen des Resozialisierungsauftrages des Strafvollzugs Hilfe zuteil, wenn sie diese annehmen. Aber anstatt Konflikte mit denen zu lösen, die es angeht, steht für die Verantwortlichen die Verbüßung ihrer Strafe im Vordergrund, mithin die Verbüßung eines rechtlichen Konstruktes, das zwar viele ehrenwerte Ziele des Staates verfolgt, das aber allem anderen als den konkreten Geschädigten und der Aufarbeitung und Wiedergutmachung des konkreten Anlasses der Strafe dient, nämlich der Tat selber. Die Folge, insbesondere bei schwersten Straftaten, ist nach Jahren, in denen weder die Geschädigten noch die Verantwortlichen sich miteinander, und auch nicht das Gros der Bevölkerung mit den Betroffenen, befasst haben, dass Menschen mit großer Angst und Furcht vor neuen Straftaten in Freiheit wieder aufeinandertreffen. Statt dass der Strafprozess und seine Folgen zu Heilung und Frieden beigetragen haben, wurden oftmals vielmehr Wunden und Konflikte vertieft; an Aussöhnung der Beteiligten ist zumeist gar nicht zu denken. Den Grundgedanken der Restaurativen Gerechtigkeit aufgreifend, dass das ungeheilte Leid der konkreten Konfliktbeteiligten uns alle, die gesamte Gesellschaft betrifft, leiden wir alle an den Wunden, die durch unser hierarchisches Straf- und Justizsystem nicht nur nicht geheilt, sondern sogar neu gerissen werden. So kranken die Gesellschaft, der Staat und damit wir alle an den offenen Wunden und bewegen uns, mit einer allgemeinen Verunsicherung nach schwersten Straftaten und das hierdurch steigende Sicherheitsbedürfnis und dem immer neuen, alten Ruf nach stärkeren, härteren und höheren Strafen, wieder in einem Kreis – aber in diesem Fall ist es ein Teufelskreis. Ein Teufelskreis, weil „die Sicherheit ebenso wenig, wie die ewige Jugend zu erreichen ist." Deshalb könne, so der ehemalige Justizvollzugsbeauftragte in NRW, Michael Walter, „ständig neuer Bedarf erzeugt werden und dessen Befriedigung versprochen werden. Es handelt sich um eine geniale Erfindung: Durch gesteigerte Furcht wird verstärkt nachgefragt, ohne dass das Ideal jemals erreicht würde." Der ehemalige Vizepräsident des Bundesverfassungsgerichts, Winfried Hassemer, benannte diesen Widerspruch, „dass es trotz härterer Strafen zu gefühlt mehr Straftaten komme und dennoch umso lauter nach noch härteren Strafen gerufen würde" als Reflex der Psychologie, der unter dem Etikett des „Mehr desselben" bekannt sei. „Etwas funktioniert nicht, also muss man mehr davon haben oder anwenden. Das führt natürlich zu nichts, denn wenn der Ansatz falsch ist, hilft nur eine qualitative Änderung, nicht eine quantitative." Dass der Ansatz falsch sein muss und es einer qualitativen Änderung bedarf, zeigt ein Blick auf seine Folgen, in Form der jüngst veröffentlichten

Rückfalluntersuchung des Bundesjustizministeriums. Nach der aktuellen Studie wird jeder dritte Straftäter nach seiner Entlassung wieder straffällig, die meisten schon während des ersten Jahres nach ihrer Verurteilung oder Entlassung. Die Strafverteidiger fordern deshalb Alternativen zur Haft, weil die Studie zeige, „dass nicht härtere Strafen und längerer Strafvollzug die beste Prävention sind." „Beängstigend" nannte der Berliner Justizsenator Thomas Heilmann auch die im Jahr 2012 veröffentlichte Rückfallquote jugendlicher Straftäter. Dieser Studie zufolge liege die Rückfallquote jugendlicher Intensiv- und Mehrfachtäter bundesweit bei sogar fünfzig Prozent, weshalb stärker an der Resozialisierung gearbeitet werden müsse. Repressive Ansätze haben, insbesondere im Jugendstrafvollzug, bisher eher kontraproduktive Wirkungen gezeigt, wie sich an der Thematik des sogenannten Warnschussarrestes zeigt. Auf eine Umfrage der Süddeutschen Zeitung in den Justizministerien der Bundesländer zur Verhängung des Warnschussarrestes meldet „das Justizministerium in Brandenburg nur zwei Fälle und verweist auf eine Studie aus dem Jahr 2010, wonach die Rückfallquote nach verbüßtem Jugendarrest bei 70 Prozent liege. Solche Zahlen bestärken vor allem die Kritiker des Warnschussarrestes in ihrer Auffassung, dass Wegsperren eben auch nicht probeweise das richtige Mittel ist." Dass Gefängnisse, hierarchische Gebilde par excellence, nicht immer Besserungsanstalten sind, sondern die beabsichtigte (Re-)Sozialisierung oftmals sogar konterkarieren, ist kein Geheimnis. Etwas funktioniert nicht, also muss man mehr davon haben oder anwenden. Das führt natürlich zu nichts, denn wenn der Ansatz falsch ist, hilft nur eine qualitative Änderung, nicht eine quantitative.

Der Vater von Uwe Böhnhardt, Gründungsmitglied der rechtsradikalen Terrorgruppe NSU und Angeklagter im sogenannten NSU-Prozess, berichtet im Prozess über die erste Gefängnisstrafe seines Sohnes: „Er war wieder ein ganz kleines Kind, das geheult hat und am Fenster stand, als wir gingen". Als der Sohn wieder draußen war, sei er härter gewesen, zu sich selbst und zu anderen. Indem die Strafjustiz straffällig gewordene Menschen, die ihr also oftmals nicht einmal, sondern viele Male wieder begegnen, mit immer neuen und längeren Haftstrafen belegt, gleicht sie „einem Chirurgen, der operiert, aber die Wunde nicht verbindet." Die als Tochter indischer Eltern geborene und in Hongkong lebende Anita Moorjani, hat nach einer beeindruckenden Heilung ihrer Krebserkrankung im Endstadium und aufgrund ihrer Erkenntnisse während eines beispiellosen Nahtoderlebnisses ebenfalls sehr treffend die Parallelen zwischen Strafjustiz und „Gesundheits"-system gezogen und die Kriminalität als Symptom einer kranken Gesellschaft dargestellt: „Ich glaube, dass niemand in seinem innersten Wesen wirklich schlecht ist, sondern dass das Böse nur ein Produkt unserer Ängste ist, ganz so wie mein Krebs es war. Aus Sicht jener Großartigkeit sind auch Kriminelle Opfer ihrer eigenen Begrenztheiten, ihrer Ängste und ihres Schmerzes. Aber wenn wir nicht die eigentlichen Probleme der Gesellschaft angehen, werden die Probleme bloß weiter wachsen, werden wir noch mehr Gefängnisse bauen und die Justiz noch stärker belasten müssen. Kriminelle sind die physischen Symptome, der uns in der Gesamtheit zugrunde liegenden Probleme. Es mag kurzfristig gesehen von Vorteil sein, wenn wir sie wegsperren, so als wenn wir die Symptome von Krebs behandeln." Die Zukunft und der Weg aus dem Teufelskreis liegt, das hat die

Vergangenheit gezeigt, tatsächlich nicht in Symptombekämpfung und Wunden-Verbinden, in Ausgrenzung und immer längerem Wegsperren der straffällig gewordenen Menschen, sondern in „juristischer Abrüstung" und „qualitativer Änderung des Ansatzes". Nur so ist Heilung für alle Beteiligten und für uns als Gesellschaft im Ganzen erreichbar. Die Rückkehr zu unseren Ursprüngen und die Wiederentdeckung des Kreises als Rahmen für Gespräche und Aufarbeitung zwischen Geschädigten und Verantwortlichen von Straftaten können einen Weg in die richtige Richtung, zurück, und zugleich in die Zukunft weisen.

5.3 Ein neuer – alter Weg

Mit einer anderen Sicht auf die Dinge und mit der „qualitativen Änderung des Ansatzes" beabsichtigen die verschiedenen Verfahren restaurativer Gerechtigkeit, den Konfliktbeteiligten ihre Beteiligung an der Konfliktaufarbeitung zurückzugeben und damit das zu erreichen, was im herkömmlichen Strafverfahren und im Strafvollzug geradezu sträflich vernachlässigt wird: Es ist nötig, das dem Bedürfnissen Rechnung getragen wird, den Geschädigten Gehör zu verschaffen, um dadurch für sie Aufarbeitung und Entlastung zu erreichen. Andererseits sollten die Verantwortlichen von Straftaten (im allgemeinen Sprachgebrauch als „Täter" bezeichnet) dazu angeregt werden, bewusst Verantwortung für die Tat zu übernehmen und bestenfalls, in der Konfrontation mit dem Leid der Geschädigten, Empathie zu entwickeln. Mit dem Täter-Opfer-Ausgleich, der inzwischen seit vielen Jahren in Deutschland auf rechtlichen Füßen steht, wurden erste Schritte in diese Richtung gegangen. Mit Ausnahme einiger weniger Projekte im Strafvollzug, beschränkte sich der Täter-Opfer-Ausgleich in der Vergangenheit allerdings hauptsächlich auf den außergerichtlichen Tatausgleich vor Abschluss strafrechtlicher Hauptverfahren. Zudem ist der TOA nach Ansicht des Bundesjustizministers „nach wie vor nicht wirklich flächendeckend etabliert" und macht erst „einen bescheidenen Anteil an allen im Rahmen der Strafverfolgung und Aburteilung erledigten Fällen aus". Ein Paradigmenwechsel, für eine qualitative Änderung im Umgang mit wiederherstellender Gerechtigkeit, konnte durch den Täter-Opfer-Ausgleich bisher nicht erreicht werden. Getreu der Erkenntnis Einsteins, dass Probleme niemals mit der gleichen Denkweise zu lösen sind, durch die sie entstanden sind, und mit dem entsprechenden Wissen, dass neue Wege gegangen werden müssen, um neue Ergebnisse zu erzielen, könnten Kreisverfahren diesen neuen Weg weisen und zu weitreichender Heilung und Wiederherstellung des sozialen Friedens beitragen. Bisher sind die verschiedenen Formen von Kreisverfahren in Deutschland noch unbekannt bzw. stecken noch in den Kinderschuhen und harren ihrer Umsetzung. Zu unterscheiden sind im Wesentlichen zwei Formen von Kreisverfahren, die sich zwar grundsätzlich ähnlich sind, jedoch Modifikationen bei der Zusammensetzung, Anzahl der Teilnehmer und im Ablauf aufweisen:

1. die ursprünglich in Neuseeland etablierten Family-Group-Conferences / Restorative Conferences, zu Deutsch Gemeinschaftskonferenzen, und

2. die u. a. aus Nordamerika stammenden und auf indianische Traditionen sowie auf Traditionen kanadischer Ureinwohner zurückgehenden sogenannten Peace Circles, ins Deutsche gemeinhin übersetzt als Friedenszirkel, oder Friedensstiftende Kreise.

1. Restorative Conferences
Die sogenannten Gemeinschaftskonferenzen (GMK) erweitern Howard Zehr zufolge den Kreis der unmittelbar von der Straftat Betroffenen, um weitere mittelbar Betroffene, wie Familienmitglieder oder andere Personen, die für die direkt betroffenen Parteien wichtig sind. Auch Vertreter der Justiz, insbesondere Polizeibeamte, können zu den Konferenzen eingeladen werden. Die jüngere Form der GMK, entwickelt von der

Polizei in Australien auf der Basis der neuseeländischen Ansätze, läuft anhand eines standardisierten Drehbuches ab, arbeitet mit der Dynamik der Scham und wird in der Regel von amtlich autorisierten Personen, wie speziell ausgebildeten Polizeibeamten geleitet. Die ältere Form der GMK hingegen besitzt kein festes Drehbuch und wird in jeder Konferenz den speziellen Anforderungen und Bedürfnissen der Beteiligten angepasst, womit ein umfassender gemeinsamer Fortschritt erreicht werden könne. Diese ältere Form wurde als Antwort auf eine Krise im Sozial- und Rechtssystem im Jahr 1989 in Neuseeland im Jugendstrafrecht etabliert, sowohl als „juristisches Mittel, wie als Weg der Begegnung". Mit der Zielsetzung und heute tatsächlichen Realität in den meisten Fällen von Jugendkriminalität das Gerichtswesen zu ersetzen, waren und sind diese GMKs dazu gedacht, für den Täter einen umfassenden Plan zu entwickeln, der zusätzlich zur Entschädigung Präventionselemente und manchmal auch Strafe enthält. Sogar die eigentliche Anklage kann auf diesen Treffen, in denen der Plan im Konsens erstellt wird, verhandelt werden. Während Sozialarbeiter die Konferenzen leiten, können neben Familienmitgliedern auch Opferfürsprecher, spezielle Anwälte, Jugend-Sozialarbeiter und weitere Betreuungspersonen, sowie die Polizei, teilnehmen. Diesen GMKs in Neuseeland ist verbindlich zu eigen, dass die Geschädigten die Sitzungen beginnen und die Verantwortlichen der Straftat, erst im Anschluss Gelegenheit zur Stellungnahme erhalten. Im Procedere gibt es nach dem Austausch über die erlittenen Folgen das Element der„Familienforen", die sich in dem weiteren Element der Auszeit („private time") zur Vorbereitung eines Vorschlages zur Wiedergutmachung zurückziehen können. Dieser Form von Kreisverfahren wird in

Neuseeland nicht nur die Aufgabe zuteil, das Gerichtsverfahren zu ersetzen, es wird auch davon ausgegangen, mit diesem Modell Familien stärken zu können.

2. Peace Circles

Die Form des Kreises wurde von den Ureinwohnern Nordamerikas für eine Vielzahl von Anwendungsgebieten genutzt: um Entscheidungen zu treffen, Probleme zu lösen, zu lehren, zu heilen, zu arbeiten, Unterstützung und Wertschätzung zu erfahren, um Beziehungen besser zu gestalten oder einfach nur um zu spielen. Als sogenannte Friedenszirkel (FZ) zur Konfliktbeilegung genutzt, sind sie dadurch gekennzeichnet, dass der Kreis der Beteiligten wie bei den GMK sehr weit gezogen werden kann und alle mehr oder weniger Betroffenen, auch Angehörige der Justiz und vor allem Vertreter der Gemeinschaft, einbezogen werden können. Gerade die Beteiligung der Gemeinschaft bringt große Vorteile mit sich, da hierdurch die Diskussionen oft vielfältiger sind, als in anderen Kreisverfahren. Situationen, die aus der Gemeinschaft resultieren und möglicherweise Einfluss auf die Tat hatten, können eingebracht und auf diese Weise breitere Ebenen des Schadens thematisiert werden.Gegebenenfalls kann auch die erforderliche Unterstützung für alle Betroffenen auf breiter Basis thematisiert und auf viele Schultern verteilt werden. Die Sitzordnung im Kreis, der Redestab (Talking Piece), ein oder zwei allparteiliche Mediatoren als Hüter des Zirkels (Circle Keeper) und vereinbarte Rituale zu Beginn und zum Abschluss stellen die individuellen, äußeren Merkmale dar und gewährleisten den sicheren Rahmen eines FZ. Der Redestab dient dazu, demjenigen, der ihn in Händen hält, die ungeteilte Aufmerksamkeit der übrigen Teilnehmer des Kreises zu sichern, wie auch das Gefühl, von Herzen gehört zu werden. Die Zuhörer soll der Redestab spiegelbildlich daran erinnern, wo die Aufmerksamkeit sein sollte, nämlich beim Sprechenden, dem mit Respekt und offenem Herzen die ungeteilte Aufmerksamkeit zuteil wird, ohne dass das Gesagte kommentiert bzw. bewertet werden soll. Auf diese Weise wird zugleich ganz ungezwungen und ohne Zuteilung durch Dritte, eine gleichberechtigte Teilnahme am Gespräch gewährleistet. Die Vereinbarung von Werten und Grundregeln wie dem Umgang mit gegenseitigem Respekt, Begegnung auf Augenhöhe aller Beteiligten, Ehrlichkeit, Vertraulichkeit, Inklusion, Empathie und Demut stellen demgegenüber die „innere Seite" eines FZ dar.

3. Sycamore-Tree-Projekt

Diese beiden Ursprungsformen von Kreisverfahren finden darüber hinaus auch Anwendung mit stellvertretenden Opfern, d. h. mit Täter- und Opfergruppen, die nicht durch ein und dieselbe Straftat miteinander verbunden sind. Prison Fellowship International, ein Zusammen-schluss von unabhängigen nationalen Mitglieds-organisationen, die im Bereich der freien Straffälligenhilfe tätig sind, führt das sogenannte Sycamore-Tree-Projekt weltweit sehr erfolgreich durch. In einem acht bis zwölfwöchigen Programm werden Gruppen von Geschädigten und Verantwortlichen von Straftaten zunächst getrennt vorbereitet und schließlich zu einem von einem Mediator geleiteten Gespräch zusammengebracht. Es werden „Themen wie die Auswirkungen von Kriminalität, der Schaden, der dadurch entsteht, und wie dieser Schaden wieder gut gemacht werden kann, behandelt. Die Straffälligen werden dazu aufgefordert, zumindest symbolische Wiedergutmachung zu leisten." Das deutsche Mitglied von Prison Fellowship International, Seehaus Leonberg e.V., das dieses Projekt in der Nähe von Stuttgart unter dem Namen „Opfer und Täter im Gespräch" mit Jugendlichen durchführt, hält es sowohl für die teilnehmenden Opfer wie auch für die Täter für sehr heilsam.

4. Kreisverfahren im Kontext von Restorative Justice

Es gibt eine Vielzahl von Ansätzen restaurativer Gerechtigkeit. Als Kern aller Verfahren, werden diese beiden Formen (Friedenszirkel und Gemeinschafts-konferenzen) als vollständig restaurativ angesehen. Es soll auch die Verringerung der Rückfallgefahr von Straffälligen ermöglicht werden. Dass es sich hierbei um einen breiten Strauß von Möglichkeiten auf der Basis der Freiwilligkeit handelt, hat Howard Zehr in seiner grundsätzlichen Beschreibung von Restorative Justice sehr treffend – und dies lässt sich direkt auf die hier vorgestellten Kreisverfahren anwenden – wie folgt charakterisiert: „Es stimmt, dass restaurative Gerechtigkeit einen Kontext bereitstellt, in dem das eine oder andere geschehen kann. Tatsächlich kommt es auch viel öfter zu einem gewissen Grad von Vergebung oder sogar Versöhnung, als das in der, auf Gegnerschaft beruhenden Struktur des Strafrechts, der Fall ist. Jedoch ist dies immer eine Entscheidung, die allein den Beteiligten überlassen bleibt (...) Die Verringerung der Rückfallgefahr ist ein Nebeneffekt. Ansätze restaurativer Gerechtigkeit werden in erster Linie durchgeführt, weil sie die richtigen Maßnahmen sind". Mit den dargestellten „Nebenwirkungen" sind Kreisverfahren zweifellos ein vielversprechender, über den Täter-Opfer-Ausgleich hinausgehender, zukunftsweisender Ansatz im strafrechtlichen Kontext. Um dessen Potenzial auch vollständig auszuschöpfen, darf sich die Installierung von Kreisverfahren jedoch nicht, wie in der Vergangenheit der Täter-Opfer-Ausgleich, auf den zeitlich dem Strafurteil vorgelagerten Bereich beschränken. Durch die Beteiligung möglichst aller Betroffenen des Konfliktes, sowie von Mitgliedern der mittelbar betroffenen Gesellschaft, können die größten und umfassende Effekte im Hinblick auf die Zielsetzungen von Restorative Justiceerreicht werden, und zwar u. a. durch folgende Aspekte:

• die Ermöglichung der Begegnung von Menschen auf der Basis von Respekt,

• die Möglichkeit der Entlastung durch das Gehört-Werden aller Betroffenen einer Straftat,

• die Beteiligung von Angehörigen, die im normalen Strafverfahren, wie im ersten Teil des Beitrags exemplarisch dargestellt, keine Beteiligungsrechte haben,

• die Möglichkeit der Entwicklung von Empathie und Verantwortungsübernahme bei den „Tätern"sowie der umfassenden Wiedergutmachung durch Unterstützung von Angehörigen oder Teilen der Gemeinschaft, was zugleich

• einen wertvollen Beitrag zur Resozialisierung leistet, durch den Ansatz der gelebten Integration, sowie auch

• die Möglichkeit einer umfassenden Schadensaufarbeitung eröffnet, durch den erweiterten Teilnehmerkreis und hierdurch

• die Wiederherstellung des Rechtsfriedens auf eine breite Basis stellt, sowie darüber hinaus

• das Erleben von Versöhnung und im Sinne des effektivsten, präventiven Opferschutzes, nämlich der Vermeidung von Rückfällen, dazu auf, im Strafvollzug neue alte Wege zu gehen.

Dass Kreisverfahren für den Strafvollzug „die richtigen Maßnahmen" sind,dafür sprechen insbesondere folgende Wirkweisen und Anwendungsbereiche: Kreise können besonders im Strafvollzug effektiv resozialisierend wirken, weil mit realen Vertretern der Gemeinschaft, bestenfalls mit Vertretern des tatsächlichen, sozialen Empfangsraumes nach der Entlassung, in Kreisen gearbeitet werden kann. Insofern können Kreise als Entlassungs-vorbereitung dienen, aber auch als reines Empathietraining von Gefangenen untereinander, oder für Konflikte im Strafvollzug genutzt werden. In Kreisen kann mit Gruppen von Tätern und stellvertretenden Opfern gearbeitet werden und auf diese Weise kann das Interesse für einen konkreten Täter-Opfer-Ausgleich hervorgerufen, bzw. für einen nachfolgenden TOA, die sozialen Kompetenzen geschult werden. Schließlich können Kreisverfahren auch als eine Einrichtung der Nachsorge des Vollzugs, bzw. es könnte als Übergangsverfahren sehr hilfreich sein. Insbesondere im Bereich des Jugendstrafvollzugs und hier für die Mehrfach- und Intensivtäter, ergibt es zur Vermeidung von Rückfällen großen Sinn, den repressiven Ansatz, durch einen helfenden, integrierenden und wiederherstellenden Ansatz, langfristig zu ersetzen.

Diese Wirkweisen sind nicht allein theoretischer Natur, sondern bereits vielfach eindrücklich bestätigt: Die in Kanada im Rahmen der Nachsorge, für die Arbeit mit entlassenen Sexualstraftätern entwickelten Circles of Support and Accountability,

5.4 Kreisverfahren im Strafvollzug

Das Bedürfnis nach effektiver Resozialisierung, Hilfe und Wiedergutmachung besteht diesseits wie jenseits eines richterlichen Schuldspruchs. Aufgrund der per se desozialisierenden Wirkungen des Strafvollzugs für die Inhaftierten und der erheblichen Unsicherheit der Geschädigten und der Gesellschaft, bei deren Entlassung muss davon ausgegangen werden, dass das Bedürfnis nach integrierenden und wiedergutmachenden Ansätzen nach dem Schuldspruch, im Strafvollzug auf allen Seiten sogar größer ist, als zuvor. Die Ergebnisse einer Befragung von JVA-Beschäftigten im Rahmen des Forschungsprojekts „Restorative Justice und Täter-Opfer-Ausgleich im deutschen Strafvollzug" bestätigen diese These. Hiernach waren „drei Viertel der Befragten der Meinung, dass Wiedergutmachungsversuche auch nach der Inhaftierung noch Sinn ergeben" und sie „dementsprechend grundsätzlich die Implementierung von Restorative Justice im Strafvollzug befürworten". Die immer noch hohe Zahl von über 68.000 Gefangenen und Verwahrten in Deutschland zum Stichtag 31.03.2013 sowie die Geschädigten ihrer Straftraten außer Acht zu lassen, würde überdies, im Sinne von Howard Zehr bemühten Bildes bedeuten, viele offene Wunden und deren Ursachen weitgehend unbehandelt zu lassen. Die Richtlinie 2012/29/EU des Europäischen Parlaments und des Rates vom 25.10.2012 über Mindeststandards für die Rechte, die Unterstützung und den Schutz von Opfern von Straftaten, bezieht sich zwar vorrangig auf die Ausgestaltung des Strafverfahrens. Das Bedürfnis nach effektiver Resozialisierung, Hilfe und Wiedergutmachung, besteht diesseits wie jenseits eines richterlichen Schuldspruchs. Bei dem Modellprojekt COSA (Kreise für

Hilfe und zum Aufbau von Verantwortlichkeit) konnten zu 100 Prozent prognostizierte Rückfälle vermeiden helfen. Als zentrales Problem, bzw. Ursache von hohen Rückfallquoten, wurde dort die Tatsache identifiziert, dass Sexualstraftäter infolge von Ausgrenzung, oft die Wohnorte wechseln. In Kreisen werden dort intensive Unterstützung durch freiwillige Mitglieder des Wohnortes geleistet, Hilfe bei der Verantwortungsübernahme mit dem Ziel der Integration angeboten und durch die Verabredung und Überwachung von täglichen Meldungen und Auflagen, sowohl dem Entlassenen geholfen, als auch die Sicherheit der Bevölkerung gewährleistet. Nicht nur in Kanada, USA, Neuseeland und Australien sind Kreisverfahren in den unterschiedlichsten Ausprägungen bereits seit vielen Jahren und mit großem Erfolg. rund um den und im Strafvollzug etabliert worden, auch bei unseren europäischen Nachbarn werden, oder wurden Zirkel und Konferenzen bereits im Strafvollzug erprobt, so u. a. in England, Estland und Belgien. Eine Anwältin aus Madrid berichtete von Zusammen-künften zwischen z. T. schon seit mehr als fünfund-zwanzig Jahren inhaftierten ETA-Straftätern und Hinterbliebenen von Mordopfern und deren positiven Wirkungen für die Opfer. Auf die Fragen zum „Warum „der Taten" und „Warum diese Opfer" hätten sie erstmals Antworten erhalten und das habe „ihnen geholfen, ruhig zu werden". Die Anwältin nannte diese Vorgehensweise ausdrücklich ein „Modell, das unser Land heilen kann". Auch in Deutschland wurden bereits vor Jahren unterschiedliche Projekte mit Kreisverfahren gestartet.

Nach der „Eigen-Kracht-Methode" des Niederländers Rob van Pagée wurden in dem Xenos-Modellprojekt „StartChance" bis Ende März 2012 sogenannte

Familienkonferenzen durchgeführt, u. a. im Kontext der Haftentlassung. Vor dem Hintergrund des niederländischen Ansatzes werden in Stuttgart, allerdings noch im Rahmen des Strafverfahrens vor dem Schuldspruch, seit 2007 „Wiedergutmachungskonferenzen" durchgeführt.

Das von der EU geförderte und von der Universität Tübingen in Zusammenarbeit mit dem „Projekt Handschlag" koordinierte Forschungsprojekt zur Einführung von Friedenszirkeln in Europa, führte im Projektzeitraum vom 01.09.2011 bis 31.08.2013 bei jugendlichen Straffälligen bereits mehrfach mit Erfolg Friedenszirkel durch. Deren Einführung im Strafvollzug wurde von der Forschungsleiterin ausdrücklich befürwortet. Das an der FH Kiel gelaufene EU-Projekt „Restorative Justice nach der Verurteilung – Opfer schützen und unterstützen" untersuchte die Etablierung von Konferenzen im Strafvollzug. Mit den drei Projekt-Partnerländern England, Kroatien und Portugal, wurden dort bis Ende 2014 Gruppenarbeiten mit Opfern, Tätergruppen, Dialoge zwischen Opfern und Tätern, TOA, Gemeinschaftskonferenzen und Friedenszirkel im Strafvollzug erprobt und wissenschaftlich begleitet. Erste Ergebnisse der deutschen Projekte bestätigen die langjährigen internationalen Erfahrungen, dass Kreisverfahren, vor allem bei schweren Gewalt- und Einbruchstaten, gewinnbringend und heilungsfördernd für alle Beteiligten sind. Die Einführung kann auch noch im Strafvollzug die Rückfallquote senken, eine hohe Zufriedenheit der Geschädigten und einen großen Beitrag zur Wiederherstellung des sozialen Friedens leisten. Vom Stuttgarter Verfahren der Wiedergut-machungskonferenzen wird berichtet, dass diese Struktur „für schwere Straftaten oder auch hocheskalierte

Konflikte und Personen, die schnell aggressiv werden, besonders gut geeignet" sei. „In der Regel entscheiden sich die von einer Straftat betroffenen Systeme dann für eine Konferenz, wenn die Betroffenheit und das Leiden sehr groß waren bzw. sind." Dort erleben die Mediatoren „in und nach den Konferenzen eine große Befriedigung des von der Straftat betroffenen Umfeldes. Ein großer Schritt in Richtung Heilung wird durch die Begegnung nicht nur von tatverantwortlichen und geschädigten Personen gegangen, sondern auch von denen, die zu ihrem Umfeld gehören." Bestrebungen für mehr Opferbezug im Strafvollzug und zur Erweiterung der Resozialisierungs-maßnahmen, wie das Projekt des opferbezogenen Strafvollzugs in Nordrhein-Westfalenund, die Empfehlungen für ein Branden-burgisches Resozialisierungsgesetz können durch verschiedene Formen von Kreisverfahren befördert und bereichert werden. Die Zielsetzung von mehr Opferbezug im Strafvollzug, die in Nordrhein-Westfalen u. a. durch die Förderung des TOA im Strafvollzug erreicht werden soll, könnte vor dem Hintergrund der geschilderten Nebeneffekte durch Kreisverfahren, nicht nur sinnvoll ergänzt werden, sondern könnten vielmehr, z. B. über vorgeschaltete Kreisverfahren mit stellvertretenden Opfergruppen, hierzulande der Etablierung des TOA im Vollzug den Boden bereiten.
In dem viel zitierten Standardwerk zu Kreisverfahren, „Peacemaking Circles, From Crime to Community" von Pranis, Stuartund Wedge,berichten die Autoren, die in langjähriger Erfahrung hunderte von Kreisen durchgeführt haben, von ihrer ungebrochenen Leidenschaft für Kreise, aber auch von dem Bewusstsein, dass Kreise keine Patentrezepte und nicht für alle Konflikte geeignet seien. Ihnen sei wichtig, sowohl die

Grenzen von Kreisen zu verstehen als auch deren Potenzial. In dem Wissen darum, dass Kreise kein Allheilmittel sein können, beispielsweise wenn die Aufarbeitung von schambesetzten Delikten ansteht, ist es sinnvoll, viele Formen restaurativer Gerechtigkeit nebeneinander vorzuhalten, bzw. zunächst zu erproben, um den Betroffenen bestmögliche adäquate Hilfe anzubieten und ihren Befindlichkeiten und Bedürfnissen angemessen Rechnung tragen zu können. In diesem Sinne verstanden, können Kreisverfahren einen im wahrsten Sinne des Wortes „ganzheitlichen" Beitrag leisten, sowie einen geeigneten und wert-vollen Rahmen bieten, um Befriedung, Heilung, Wiedergutmachung und Verantwortungs-übernahme zu ermöglichen und Trennung, Schmerz und Ohnmacht überwinden zu helfen.

Anhand einer Gegenüberstellung sollen die unterschiedlichen Blickwinkel dargestellt werden:

1. die vergeltenden, strafenden Gerechtigkeit auf der einen Seite

2. die wiederherstellende , wiedergutmachende Gerechtigkeit mit ihren Kernpunkten auf der anderen Seite.

Vergleich: „Restorative Justice" und heutiges Rechtsverständnis

Retributive Justice - Vergeltende Optik	Restorative Justice - Wiederherstellende Optik
Auf „**Schuld-Strafe**" fixiert	Auf **Problemlösung** fixiert
Straftat als Vergehen gegen **Regeln und Gesetze**	Straftat als Gewalt gegen **Beziehungen**
Gesetz als **Verbot**	Gesetz als „weiser Indikator" und „**Lehrer**"
„Das, was er verdient hat!"	Opfer, Täter und das Gemeinwesen brauchen Heilung des Schmerzes
Der „**Buchstabe** des Gesetzes"	Der „**Geist** des Gesetzes"
Verbrechen schafft **Schuld**	Verbrechen schafft **Verpflichtungen**
Auferlegen von Schmerz/Strafe normativ	Wiederherstellen und Wiedergutmachung normativ
Gerechtigkeit verlangt vom Staat, Schuld zu entscheiden und Strafe aufzuerlegen. **Sinn** für das Gleichgewicht **durch Vergeltung**	Gerechtigkeit verlangt von Täter, Opfer und dem Gemeinwesen, Tatsachen wieder in Ordnung zu bringen. **Sinn** für das Gleichgewicht **durch Wiederherstellung**
Gerechtigkeit dient der **Trennung** (von „Gut und Böse")	Das Ziel der Gerechtigkeit ist ein neues **Miteinander** / eine neue Gemeinschaft

Retributive Justice - Vergeltende Optik	Restorative Justice - Wiederherstellende Optik
Fokus liegt auf der **Vergangenheit**	Fokus liegt auf der **Zukunft**
Reaktion des Rechtssystems /des Staates basiert auf das **Verhalten** des Täters in der Vergangenheit	Reaktion des Rechtssystems basiert auf die **Folgen** des Verhaltens des Täters
Bedürfnisse **sekundär**	Bedürfnisse **primär**
Betonung, dass eine soziale Verletzung die **nächste** nach sich zieht	Ton liegt darauf, soziale Verletzungen zu **reparieren** (zu heilen)
Fokus auf den Täter; Opfer wird **ignoriert**	Die Bedürfnisse der Opfer im Zentrum
Opfer-Täter-Beziehung wird ignoriert	Opfer-Täter-Beziehung **zentral**
Der Täter hat keine Verantwortung für Lösungen	Der Täter hat Verantwortung für Lösungen

5.5 Ausblick

Dass Menschen einander Schaden zufügen, ist eine Realität, die uns begleiten wird, solange das Gefühl der Getrenntheit von dem Nächsten / Anderen unser Denken und Leben bestimmt und unsere Empathie nicht groß genug ist, um davon abzulassen. Aber wir haben es in der Hand, wie wir mit den Geschädigten, den Schäden und den Verantwortlichen umgehen wollen. Wenn wir uns eine befriedete Zukunft für alle Beteiligten und letztlich auch für uns wünschen, müssen wir den Weg des Friedens, der Wiedergutmachung und Heilung, statt der vorrangigen Zufügung neuen Übels allein durch Strafe und deren Verbüßung gehen. Die Wiederentdeckung der Kraft der Kreise, gibt große Hoffnung, dass eine Befriedung der Gesellschaft mit ihrer Hilfe erreicht werden kann und dass Wunden auf diese „alte Weise" nicht nur verbunden, sondern endlich auch ganzheitlich geheilt werden können.

Die Anwältin nannte diese Vorgehensweise ausdrücklich ein „Modell, das unser Land heilen kann." Kreisverfahren würden den Angehörigen des ermordeten Ulf Möller – dessen Fall ich geschildert habe – die Möglichkeit geben, den Tätern in die Augen zu schauen, Antworten zu erhalten und vielleicht, wie die Opfer des ETA-Terrors, zumindest für sich Ruhe zu finden. Kreisverfahren würden auch eine Möglichkeit für Wiedergutmachung und Heilung von nicht auf den ersten Blick sichtbaren, aber nicht selten umso bedrückenderen psychischen Verletzungen eröffnen, wo Opferentschädigungsgesetze nicht greifen. Die Zeit für neue Wege ist reif und die Umstände schaffen dafür Raum. In Zeiten, da die demografische Entwicklung zu sinkenden Gefangenen-zahlen führt, hat es Sinn und besteht die Möglichkeit, frei werdende personelle, wie finanzielle Kapazitäten für Konzepte und Projekte zu nutzen, die tatsächlich allen – den Gefangenen, den Geschädigten und der gesamten Gesellschaft – zugute kommen. Notwendig sind langfristige Prozesse, die nur dann in der Zukunft die dargestellten Wirkungen hervorbringen können, wenn wir die Weichen gemeinsam heute dafür stellen. Unser Nachbar Belgien hat uns mit seinem Gesetz im Jugendstrafrecht gezeigt, dass neue Wege möglich und gangbar sind. Nicht sehr ausgeprägte Hierarchien waren dort allerdings die günstigen Rahmenbedingungen, für eine „möglicherweise flexiblere Wandlungsfähigkeit". Das lehrt uns, wenn wir den Kreis in unserer höchst hierarchischen Gesellschaft schließen wollen, dass wir uns jenseits von Hierarchien begegnen müssen, nicht nur umdenken, neu denken, neu handeln und alle Teile der Gesellschaft einbeziehen müssen, sondern uns auch alle wieder mit gegenseitigem Respekt auf Augenhöhe begegnen sollten. Kreisverfahren sind hierfür Weg und Ziel zugleich. Diese neuen Wege zu gehen, lohnt sich, weil in ihnen auch generell die Chance auf mehr „Zu-Frieden-heit" und Teilhabe steckt, auf Empowerment und Verantwortung des Einzelnen, seine Angelegenheiten selbst in die Hand zu nehmen, statt hilflos, ohnmächtig und schulterzuckend festzustellen, dass man als Einzelner in und an den großen Systemen sowieso nichts ändern kann. So können Kreise alles bewirken: „mehr Kraft in unser Leben bringen, unser Zuhause, unseren Arbeitsplatz, unsere Regierung, unsere Kirchen und Synagogen zu verändern. Wenn der Kreis seinen Platz in unserer Gesellschaft hätte und angewandt würde, würde unser Leben ganz anders aussehen. Im Kreis würden wir Bestärkung als einen normalen Bestandteil unseres Alltags erleben".

Vor allem aber bieten uns Zusammenkünfte im Kreis die Chance, eine erstaunliche Entdeckung zu machen, die mit großer Wahrscheinlich-keit neue Straftaten verhindern wird, wenn wir uns in die Augen blicken und erkennen, dass der vermeintlich andere uns in unserem tiefsten Inneren viel ähnlicher ist, als wir bisher glaubten. Ein Geschädigter und Kreisteil-nehmer hat dies mit einem Satz eindrücklich auf den Punkt gebracht hat: „Ich kann mich in dir sehen." Dann haben wir die Chance auf Resozialisierung in ihrer wahrhaftigsten Form und eigentlichen Bedeutung, wenn auf Straftaten nicht aus Furcht vor der Bestrafung verzichtet wird, sondern aus ehrlichem Mitgefühl mit dem anderen als gefühltem Teil von uns selbst.

5.6 Schlusshinweis

Da ich aus Kostengründen auf ein professionelles Lektorat mit Redakteur, Begleitung und Aufbereitung des Manuskriptes durch einen Verlag verzichtet habe, können Fehler im Text enthalten sein. Ich habe den Text, das Layout und das Cover selbst erstellt und entworfen.

Sollte es zu Übereinstimmungen mit anderen Werken gekommen sein, so bitte ich dies zu entschuldigen und mir umgehend mitzuteilen, damit es zu keinen Urheberrechtsverletzungen kommt und wenn doch, dass ich diese umgehend beheben kann.

Ich freue mich jederzeit über Anregungen, Kritik, Ergänzungen und Feedback, Sie können mir gerne per Email schreiben an:

Linus.Botha@gmx.de   Vielen Dank !!!

Rechts- und Schadenersatzansprüche sind ausgeschlossen. Das Werk inklusive aller Inhalte wurde unter größter Sorgfalt erarbeitet. Dennoch können Druckfehler und Falschinformationen nicht vollständig ausgeschlossen werden. Der Verlag und auch der Autor übernehmen keine Haftung für die Aktualität, Richtigkeit und Vollständigkeit der Inhalte des Buches, ebenso nicht für Druckfehler. Es kann keine juristische Verantwortung sowie Haftung in irgendeiner Form für fehlerhafte Angaben und daraus entstandenen Folgen vom Verlag bzw. Autor übernommen werden. Für die Inhalte von den in diesem Buch abgedruckten Internetseiten sind ausschließlich die Betreiber der jeweiligen Internetseiten verantwortlich.